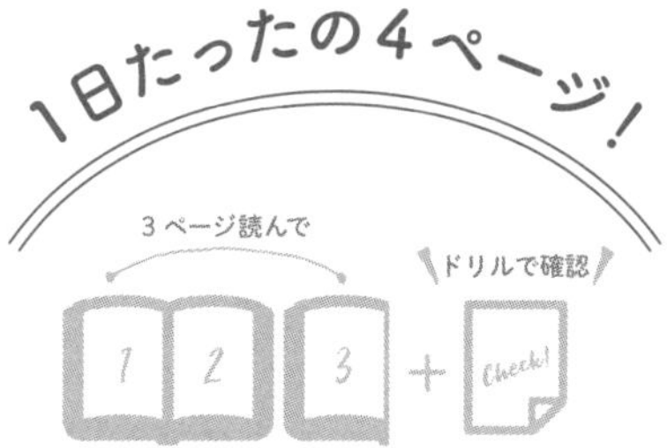

やさしい基礎韓国語

秋山卓澄 著

HANA

はじめに

僕は入門の頃、韓国語の参考書を使ったことがありません。

このように言うと大抵の方は驚かれますが、本当です。もちろんまったく見たことがないわけではないですが、かなり序盤で参考書を使った学習に挫折しました。そんな僕が入門書を執筆したのですから、人生何が起こるかわからないものだなあと、ひしひし感じています。

僕は韓国語を独学で始めた当時、韓国の音楽を聴きながら歌詞の訳と原文を照らし合わせ、語彙力や表現力をつけていくという地道な勉強法を主にしていました。当時大学生だった僕の専攻が古典文学（ちなみに平安和歌）だったので、「文法」というものに対するアレルギーがなかったのが幸いし、スムーズに学習を進めることができました。ある程度力がついた後で昔挫折してほったらかしていた参考書を見てみると、当時理解できなかったことが理解できるようになっていたのです。そのとき、「もうちょっとこういうふうに書いてくれれば当時挫折しなかっただろうなー」とか、「ここで立ち止まらなくてよかったんだなー」とか、後悔にも似た気持ちが湧いてきました。

本書はそういった僕の「後悔」をもとに執筆いたしました。当時「こういうふうに言ってくれれば……」と思ったことを「そういうふうに」改善して書きましたし、「これ今ここで覚えなきゃいけないのか？」と疑問に思った点は「今覚えてください！」とか「飛ばして構いません！」とか、優先度がわかるようにしました。僕自身が独学していく中で築き上げたノウハウをふんだんに盛り込みました。

また本書が斬新であるゆえんとして、日本語文法の用語解説にページ数を割いたことが挙げられます。僕は韓国語の講師や執筆もしますが、中学と高校の現役国語教師でもあります。そんな僕ならではの文法用語解説、ぜひじっくりとお読みください。

申し遅れましたが、著者の秋山卓澄と申します。これで「たくみ」と読みます。韓国語を独学で学んできた経験を生かし、2013年７月にツイッターで「基礎から学ぶ韓国語bot(@Kiso_Korean_bot)」というアカウントを作り、韓国語に関する事項を自動で流し始めました。2020年２月現在２万7000人近くの方にフォローしていただいてます。このツイッターを通して韓国語を生業とされている先生方や出版社の方々と出会い、講義の場をいただくようになりました。2019年11月からの「HANA韓国語スクール」もその一つです。そのような経験を通して「教える」ということに向き合い、自分の説明がわかりやすいか、負担になっていないか、楽しめるか、ということを常に追究してきました。それはいわば、荒々しかった僕の「教え方」の方法論を磨き上げていく作業でした。

本書は、先ほど述べた僕なりのノウハウ、そしてそこに僕なりの教え方が加わっているので、まさに「僕だからこそ執筆できた入門書」となっていると自信を持っています。「優しく」「易しく」ご説明していきますので、安心してページをめくっていってください。

本書が、これから韓国語学習の第一歩を踏み出すみなさまの、最良のパートナーになれることを願って。

著者　**秋山卓澄**（キソカン）

1日たったの**4**ページ。
韓国語の基本がしっかり身につきます！

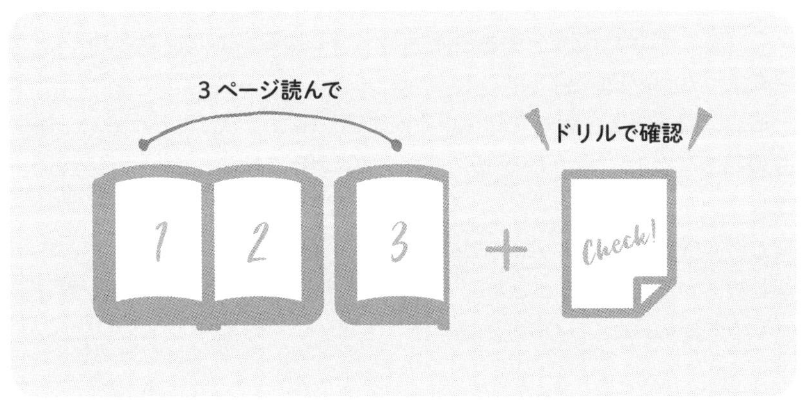

1日に学ぶボリュームが少ないから

とにかく学習が楽！

少しずつ、でも着実に

ステップアップ

Step 1

文字と発音

ハングルを読み書きできるようにします。

Step 2

発音変化

ハングルを読むときのルールについて学びます。

Step 3

文法

簡単な文法知識と韓国語の成り立ちを学びます。

Step 4

ハムニダ体とヘヨ体

簡単な文章を組み立て、読み書きできるようにします。

Step 5

表現の幅を広げる

さまざまな表現を学び、韓国語を続けていくための力を養います。

この本の使い方

本書はステップ1～5まで、全部で45のレッスンで構成されています(もくじ参照)。

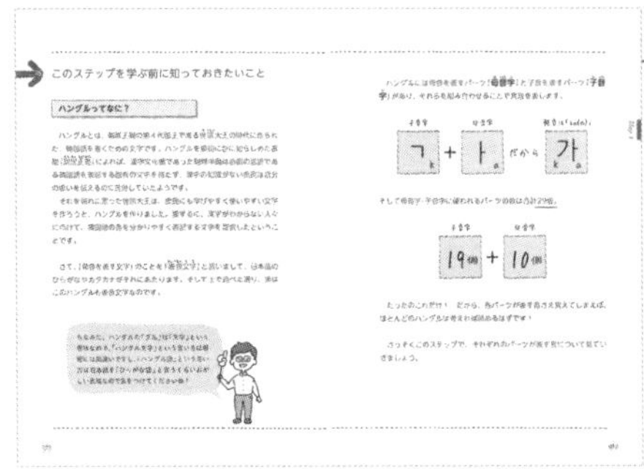

このステップを学ぶ前に知っておきたいこと

各ステップの始まりには、そのステップを始める前に知っておきたいことが書かれています。

レッスン

1レッスンが4ページで構成されているため、短時間で負担なく学習することができます。

3ページ読んだら、レッスンで学んだことが、しっかり身についているか、「かくにんドリル」でチェック！

「かくにんドリル」の解答(P.254)には、必要に応じて解説もついているので、間違えた箇所をそのままにせず、理解してから次のレッスンに進みましょう。

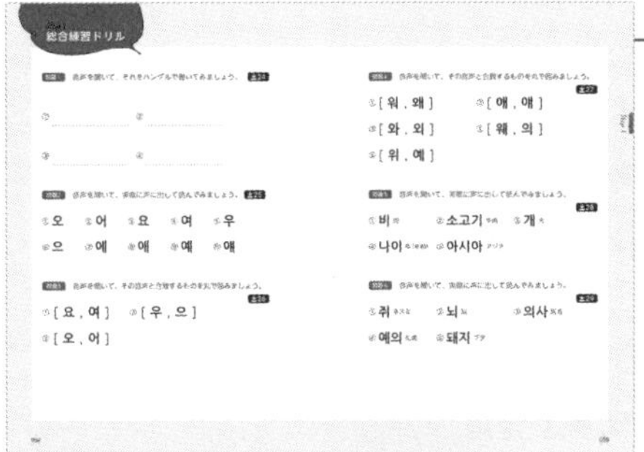

総合練習ドリル

①[워, 왜] ②[애, 얘]
③[와, 외] ④[웨, 의]
⑤[위, 예]

①오 ②어 ③요 ④여 ⑤우
⑥으 ⑦예 ⑧얘 ⑨예 ⑩애

①비 ②소고기 ③개
④나이 ⑤아시아

①[요, 여] ②[우, 으]
③[오, 어]

①쥐 ②뇌 ③의사
④예의 ⑤돼지

総合練習ドリル

各ステップの終わりには、そのステップで学んだことを総復習できるドリルがついています。

ハングルの手書き文字

구 규 가 갸

キソカンコラム

学習に役立つコラムが、各ステップの終わりについています。キソカン先生ならではの学習アドバイスがぎゅっと詰まっていますので、ぜひ読んでください。

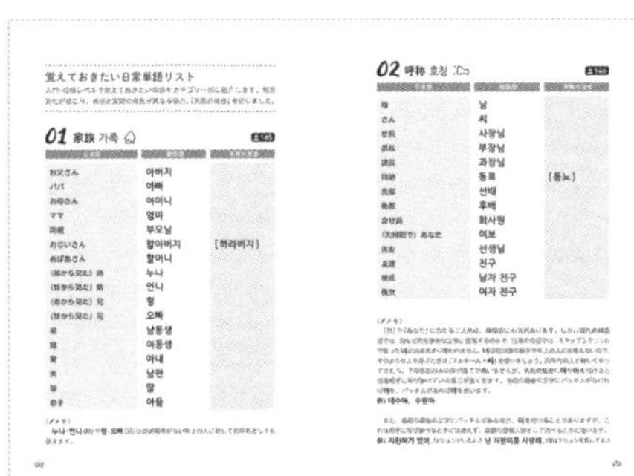

覚えておきたい日常単語リスト

01 家族 가족

お父さん	아버지	
パパ	아빠	
お母さん	어머니	
ママ	엄마	
[illegible]	부모님	
おじいさん	할아버지	[하라버지]
おばあさん	할머니	
[illegible]	누나	
[illegible]	언니	
[illegible]	형	
[illegible]	오빠	
[illegible]	남동생	
[illegible]	여동생	
[illegible]	아내	
[illegible]	남편	
[illegible]	딸	
[illegible]	아들	

02 呼称 호칭

[illegible]	님	
さん	씨	
[illegible]	사장님	
[illegible]	부장님	
[illegible]	과장님	
[illegible]	동료	
[illegible]	선배	
[illegible]	후배	
[illegible]	회사원	
[illegible] あなた	여보	
[illegible]	선생님	
[illegible]	친구	
[illegible]	남자 친구	
[illegible]	여자 친구	

巻末付録

日常生活や旅行でよく使う単語をカテゴリー別に紹介する「覚えておきたい日常単語リスト」。音声もついているので、ぜひ覚えてください。

[動画について]

ステップ１の発音を学ぶレッスンでは、必要に応じてキソカン先生による解説動画を見ることができます。音声や文字だけでは理解しづらい発音の仕組みも、動画ならわかりやすいでしょう。

動画を見るには、スマートフォンでQRコードを読み込みます。QRコードが読み込めない環境の方は小社ウェブサイト（https://www.hanapress.com/）のサポートページから該当の動画を見ることができます。

[音声について]

本書の中で、音声マーク 00 があるところは、学習に必要な音声をダウンロードして聞くことができます。小社ウェブサイト（https://www.hanapress.com/）のサポートページ、または書籍紹介ページよりダウンロードしてご利用ください。ご利用の際にはパスワード（**kisokan_nyumon**）をご入力ください。

もくじ

175 Step 5 表現の幅を広げる

-巻末付録-

-巻末付録-

Step 1

文字と発音

このステップを学ぶ前に知っておきたいこと

ハングルってなに？

ハングルとは、朝鮮王朝の第４代国王である世宗(セジョン)大王の時代に作られた、韓国語を書くための文字です。ハングルを最初に世に知らしめた書物『訓民正音(くんみんせいおん)』によれば、漢字文化圏であった朝鮮半島は自国の言語である韓国語を表記する固有の文字を持たず、漢字の知識がない庶民は自分の思いを伝えるのに苦労していたようです。

それを哀れに思った世宗大王は、庶民にも学びやすく使いやすい文字を作ろうと、ハングルを作りました。要するに、漢字がわからない人々に向けて、韓国語の音をわかりやすく表記する文字を提供したということです。

さて、「発音を表す文字」のことを「表音文字(ひょうおんもじ)」と言いまして、日本語のひらがなやカタカナがそれにあたります。そして上で述べた通り、実はこのハングルも表音文字なのです。

ちなみに、ハングルの「グル」は「文字」という意味なので、「ハングル文字」という言い方は厳密には間違いですし、「ハングル語」という言い方は日本語を「ひらがな語」と言うくらいおかしい表現なので気をつけてくださいね！

ハングルには母音を表すパーツ「**母音字**」と子音を表すパーツ「**子音字**」があり、それらを組み合わせることで発音を表します。

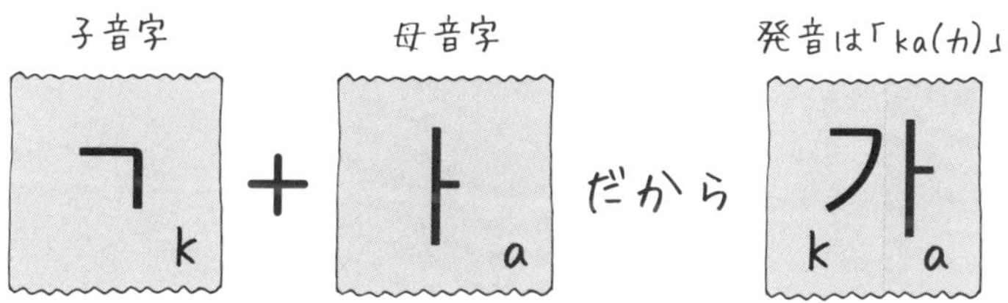

そして母音字・子音字に使われるパーツの数は合計29個。

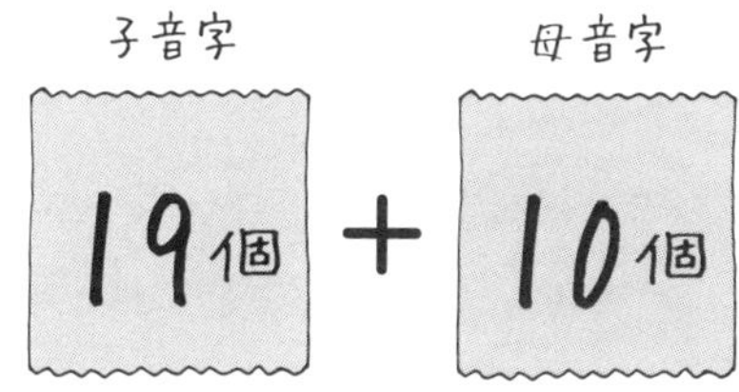

たったのこれだけ！　だから、各パーツが表す音さえ覚えてしまえば、ほとんどのハングルは考えれば読めるはずです！

さっそくこのステップで、それぞれのパーツが表す音について見ていきましょう。

ハングルの母音字は次の10個です。この10個の母音字を「**基本母音字**」と呼びます。

ㅏ ㅑ ㅓ ㅕ ㅗ ㅛ ㅜ ㅠ ㅡ ㅣ

ハングルは必ず子音字と母音字の組み合わせで一文字を構成するので、基本母音字を文字として書き、発音するためには、子音字と組み合わせる必要があります。

まずは子音の音がないことを表す子音字「ㅇ」と10個の基本母音字を組み合わせて、書き方と発音を確認しましょう。

縦に長い形の母音字（ㅏ、ㅑ、ㅓ、ㅕ、ㅣ）は左に「ㅇ」を
横に長い形の母音字（ㅗ、ㅛ、ㅜ、ㅠ、ㅡ）は上に「ㅇ」を
書きます。

01

아、**야**、**유**、**이**は、日本語の感覚で「**ア、ヤ、ユ、イ**」と発音して問題ありません。しかし「**オ**」「**ヨ**」「**ウ**」と読むものがそれぞれ２つずつあることに気づくと思います。一体なぜなのでしょうか？

それは、日本人は同じ音として認識するけれど、韓国人には別の音に聞こえるからです。例えば日本人にとって**어**と**오**の音の違いはどうでもいいので、仮にカタカナで表記する場合、同じ「**オ**」という文字になるし、音も同じ「**オ**」として聞こえます。しかし韓国語では、日本人には同じ「**オ**」と聞こえる**어**と**오**の音を、区別しているのです。

それでは、それぞれがどのように違う音なのかを確認しましょう。

「オ」の発音　02

어・・・口をボケーっと開きながら言う「**オ**」

오・・・唇に力を入れてすぼめ、口の中に音をこもらせるように言う「**オ**」

「ヨ」の発音　03

여・・・口をボケーっと開きながら言う「**ヨ**」

요・・・唇に力を入れてすぼめ、口の中に音をこもらせるように言う「**ヨ**」

「ウ」の発音　04

우・・・唇に力を入れてすぼめ、口の中に音をこもらせるように言う「**ウ**」

으・・・口を横に引きながら、唇を脱力させて言う「**ウ**」

今は言い分けたり聞き分けたりできなくても、**어**と**오**、**여**と**요**、**우**と**으**が「違う音なんだ」ということさえご理解くだされば大丈夫です！

かくにんドリル

問題 次の単語を書いて、声に出して読んでみましょう。 ⤓05

아이 子ども

우유 牛乳

여유 余裕

여우 キツネ

이 歯

오이 キュウリ

이유 理由

前回学んだ基本母音字を組み合わせて作る「**複合母音字**」というものが**11個**あります。難しく見えるかもしれませんが、基本母音字がわかっていれば、恐るるに足らず！

ㅐ ㅒ ㅔ ㅖ ㅘ ㅙ ㅚ ㅝ ㅞ ㅟ ㅢ

例えば**ㅘ**という複合母音字。これは**ㅗ**[o]と**ㅏ**[a]が組み合わさってできています。**ㅘ**の発音は、カタカナで表すと「ワ」です。試しに日本語の感覚で「オ」と言った後、間髪入れずに「ア」と言ってみてください。「ワ」に聞こえるはずです！

このように、複合母音字の中には基本母音字を組み合わせただけで発音できるものが多いので、落ち着いて一つひとつ習得していきましょう。

さっそく基本母音字同様に、音がないことを表す子音字「ㅇ」をつけてそれぞれの発音を確認しましょう。

06

애 [ㅏ＋ㅣ]
エ , e

에 [ㅓ＋ㅣ]
エ , e

どちらも日本語の感覚で「エ」と読んで問題ありません。かつては発音に違いがあったようですが、今では韓国語ネイティヴでも聞き分けることは至難の業のようです。

07

얘 [ㅑ＋ㅣ]
イェ , ye

예 [ㅕ＋ㅣ]
イェ , ye

どちらも日本語の感覚で「イェ」と読んで問題ありません。こちらも、かつては発音に違いがあったようです。

08

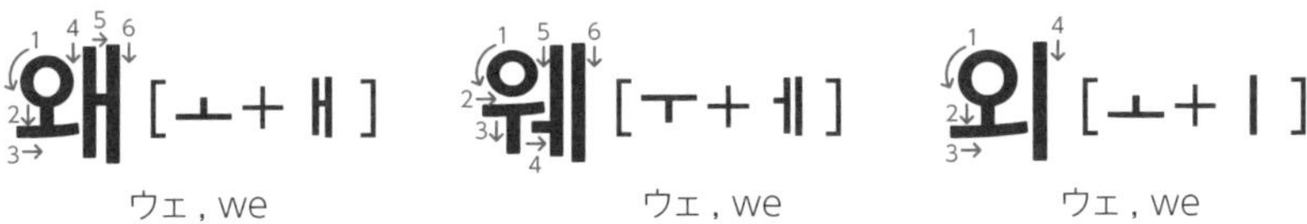

ウェ , we　　ウェ , we　　ウェ , we

これらも、どれも日本語の感覚で「ウェ」と読んで問題ありません。**왜**と**웨**は、分解した母音字を続けて読めば自然と発音できます。

この４つは音が違いますが、基本母音字を続けて読めば発音できます。ただし、**의**だけは特殊なので、下の説明をご覧ください。

「의」の発音　10

의は単語のどの位置に来るか、どんな意味で使われるかによって発音が変わります。

① **의**が語頭(ごとう)（単語の先頭）にある場合は、そのまま「ウィ」と発音。
의외（意外）　→ ウィウェ

② **의**が語中(ごちゅう)（単語の２文字目以降）にある場合は「イ」と発音。
예의（礼儀）　→ イエイ

③ 所有を表す助詞「**의**（〜の）」として使われる場合は「エ」と発音。
아이의 우유（子どもの牛乳）　→ アイエ　ウユ

今後いろいろな単語や表現を学ぶ中で習得すればよいことなので、現段階では「そういうこともある」ということだけ覚えておいてください！

かくにんドリル

問題1 次のカタカナの発音になるハングルを選び、丸で囲みましょう。

① ワ [위 , 와]

② イェ [얘 , 외]

③ エ [에 , 워]

④ ウィ [위 , 예]

⑤ ウェ [의 , 왜]

問題2 次の空欄に適切な言葉を入れましょう。

① 의が＿＿＿＿にある場合は、そのまま「ウィ」と発音。

② 의が＿＿＿＿にある場合は「イ」と発音。

③ 의が＿＿＿＿を表す助詞「〜の」として使われる場合は「エ」と発音。

P.013で韓国語の子音字は19個あると説明しましたが、それらは「**平音**」「**激音**」「**濃音**」と呼ばれる３種類の音を表します。ここでは「**平音**」と呼ばれる子音を表す子音字について詳しく見ていきましょう。

「**平音**」を表す子音字は、次の**9個**です。それぞれ次のような音を持っています。

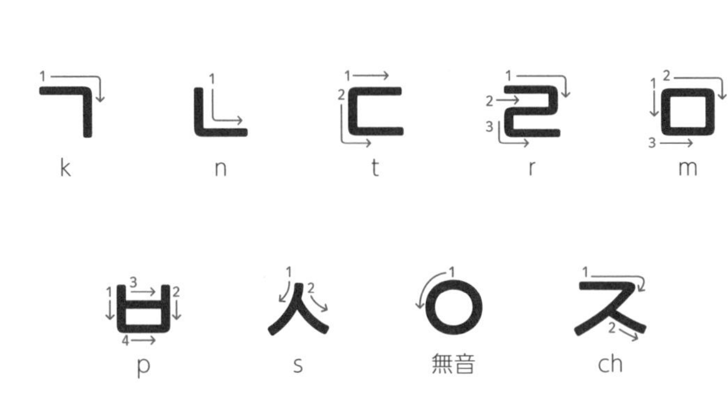

これらの子音字は、すでに習った基本母音字や複合母音字と組み合わせて一文字を構成します。

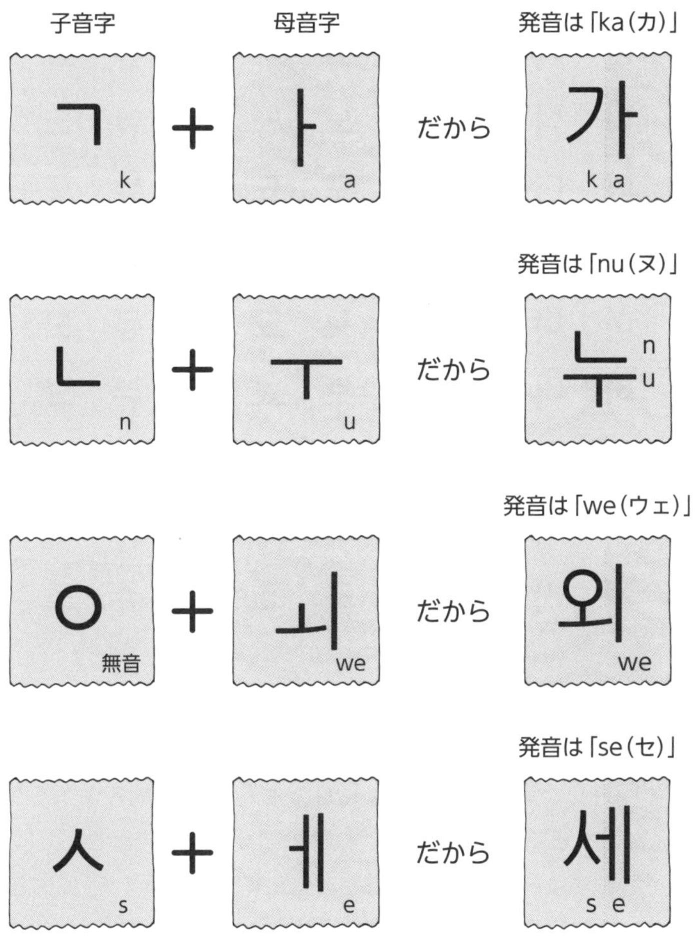

基本母音字と平音の子音字を組み合わせた一覧表です。 ⬇11

		ㅏ	ㅑ	ㅓ	ㅕ	ㅗ	ㅛ	ㅜ	ㅠ	ㅡ	ㅣ
		a	ya	o	yo	o	yo	u	yu	u	i
ㄱ	k	가	갸	거	겨	고	교	구	규	그	기
ㄴ	n	나	냐	너	녀	노	뇨	누	뉴	느	니
ㄷ	t	다	댜	더	뎌	도	됴	두	듀	드	디
ㄹ	r	라	랴	러	려	로	료	루	류	르	리
ㅁ	m	마	먀	머	며	모	묘	무	뮤	므	미
ㅂ	p	바	뱌	버	벼	보	뵤	부	뷰	브	비
ㅅ	s	사	샤	서	셔	소	쇼	수	슈	스	시
ㅇ		아	야	어	여	오	요	우	유	으	이
ㅈ	ch	자	쟈	저	져	조	죠	주	쥬	즈	지

平音では、特に**ㄱ**、**ㄷ**、**ㅂ**、**ㅈ**の発音に注意してください(それ以外の平音は日本語の感覚で発音して問題ありません)。

例えば「**가**」は、単語によっては「カ」にも「ガ」にも聞こえますが、厳密に言えばどちらでもなく、「カ」と「ガ」の間くらいの発音です。しかし、日本人が濁らずに「カ」と発音すると、次に紹介する「激音」に聞こえることがあるので、慣れるまでは「**ㄱ**、**ㄷ**、**ㅂ**、**ㅈ**＝濁音」と考えておくと楽ですよ！

なお**자**と**쟈**、**저**と**져**、**조**と**죠**、**주**と**쥬**の発音に区別はありません。

かくにんドリル

問題　次の単語を書いて、声に出して読んでみましょう。　⬇12

가수 歌手

고기 肉

나무 木

다리 脚、橋

자기 自分

비 雨

요리 料理

사과 リンゴ

배우 俳優

韓国語の子音の中で「**激音**（げきおん）」と呼ばれる子音を表す子音字は、次の**5個**です。まず、激音が平音からパワーアップした音であるということを確認しましょう！

ㅋ ＝ ㄱ がパワーアップした音

ㅌ ＝ ㄷ がパワーアップした音

ㅍ ＝ ㅂ がパワーアップした音

ㅎ ＝ ㅇ がパワーアップした音

ㅊ ＝ ㅈ がパワーアップした音

平音の子音字に線が加わって、何だかパワーアップした感じが出てますよね。

このパワーの源は何かというと、それは「呼気（吐き出す息）」です。平音よりも呼気をたくさん漏らして発音する音が激音なのです。

例えば呼気がたくさん漏れるため息をつくときの音は、日本では「ハア」と表記されますが、これをハングルでは **ㅎ** [h]と **ㅏ** [a]を組み合わせた「**하**」と書きます。この **ㅎ** は激音の子音字です。このことからも、「呼気の漏れる音 ＝ 激音」ということがわかります。

ローマ字とイラストを使って激音の発音のイメージを表すと次の通りになります。平音の音に呼気が加わっています。

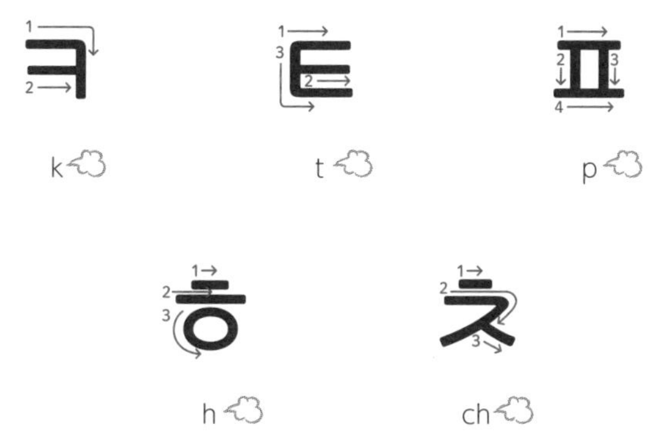

次のページで激音の、より正確な発音について説明します。

例えば**ㅋ**＋**ㅏ**を組み合わせた**카**を発音するためには、子音**ㄱ**［k］に続けてため息を**하**とつきます。さっそく次の音声を聞いて、激音の感覚をつかんでください！

⤓13

카 ＝ **ㄱ** (k) ＋ **하**

타 ＝ **ㄷ** (t) ＋ **하**

파 ＝ **ㅂ** (p) ＋ **하**

하 ＝ **ㅇ** (無音) ＋ **하**

차 ＝ **ㅈ** (ch) ＋ **하**

下は基本母音字と激音の子音字を組み合わせた一覧表です。 **⤓14**

	ㅏ ア, a	ㅑ ヤ, ya	ㅓ オ, o	ㅕ ヨ, yo	ㅗ オ, o	ㅛ ヨ, yo	ㅜ ウ, u	ㅠ ユ, yu	ㅡ ウ, u	ㅣ イ, i
ㅋ k	카	캬	커	켜	코	쿄	쿠	큐	크	키
ㅌ t	타	탸	터	텨	토	툐	투	튜	트	티
ㅍ p	파	퍄	퍼	펴	포	표	푸	퓨	프	피
ㅎ h	하	햐	허	혀	호	효	후	휴	흐	히
ㅊ ch	차	챠	처	쳐	초	쵸	추	츄	츠	치

※**차**と**챠**、**처**と**쳐**、**초**と**쵸**、**추**と**츄**の発音に区別はありません。

かくにんドリル

問題　次の単語を書いて、声に出して読んでみましょう。　15

고추 唐辛子

차 車、茶

혀 舌

파 長ねぎ

호두 クルミ

키 背

치즈 チーズ

코피 鼻血

커피 コーヒー

Lesson 5 子音字③（濃音）

韓国語の子音の中で「**濃音**（のうおん）」と呼ばれる子音を表す子音字は、次の**5個**です。

ㄲ	ㄸ	ㅃ	ㅆ	ㅉ
kk	tt	pp	ss	cch

一つひとつ見ると、それぞれ平音の子音字２個から構成されていることがわかりますね。ローマ字で日本語を入力するとき、例えば「yatta」と打つと「やった」と出るように、同じ子音を２回使うと「っ」が打てます。それと同じ感覚で、ハングルでも同じ子音字を２個つなげて「っ」のような音を表します。

ただし日本語の「っ」と決定的に異なる点があります！　それは「息を漏らさず発音する」ということです。先ほどの激音は息を出すことがポイントだと述べましたが、この濃音は一切呼気を漏らさずに発音します。

ではこれら濃音を母音字ㅏと組み合わせて、発音の練習をしましょう。

16

까 ＝ ㄲ (kk) ＋ ㅏ

따 ＝ ㄸ (tt) ＋ ㅏ

빠 ＝ ㅃ (pp) ＋ ㅏ

싸 ＝ ㅆ (ss) ＋ ㅏ

짜 ＝ ㅉ (cch) ＋ ㅏ

濃音は子音を発音するために使う口の部位(P.098)に力を入れ、音を固めて、鋭く発射するイメージです。
音声を聞いて、みなさんなりの感覚で音のイメージをつかんでください！

17

最後に、基本母音字と濃音の子音字を組み合わせた表を見てみましょう。

	ㅏ ア, a	ㅑ ヤ, ya	ㅓ オ, o	ㅕ ヨ, yo	ㅗ オ, o	ㅛ ヨ, yo	ㅜ ウ, u	ㅠ ユ, yu	ㅡ ウ, u	ㅣ イ, i
ㄲ kk	까	꺄	꺼	껴	꼬	꾜	꾸	뀨	끄	끼
ㄸ tt	따	땨	떠	뗘	또	뚀	뚜	뜌	뜨	띠
ㅃ pp	빠	뺘	뻐	뼈	뽀	뾰	뿌	쀼	쁘	삐
ㅆ ss	싸	쌰	써	쎠	쏘	쑈	쑤	쓔	쓰	씨
ㅉ cch	짜	쨔	쩌	쪄	쪼	쬬	쭈	쮸	쯔	찌

※짜と쨔、쩌と쪄、쪼と쬬、쭈と쮸の発音に区別はありません。

覚えるべき子音字と母音字はこれですべてです！　ハングルは韓国語を学ぶ上で絶対に欠かすことのできないものなので、しっかり覚えておいてください！

下記の動画では、平音、激音、濃音についておさらいしていますので、併せて確認しましょう。また、子音字の名称について巻末で紹介しているので(P.253)、ぜひご覧ください。

かくにんドリル

問題　次の単語を書いて、声に出して読んでみましょう。　18

뽀뽀 チュー

코끼리 ゾウ

뼈 骨

허리띠 ベルト

오빠
（女性から見た）お兄さん

아저씨
おじさん

또 また

토끼 ウサギ

가짜 偽物

Lesson 6 パッチム

ここまでの説明で、ハングルが「子音＋母音」の組み合わせであることはご理解いただけたと思います。しかし、韓国語では「子音＋母音」の後にさらに子音字が来て「子音＋母音＋子音」の形になることがあります。

この母音の後に来る子音字のことを「**パッチム**」と言い、「子音＋母音」の下に書きます。

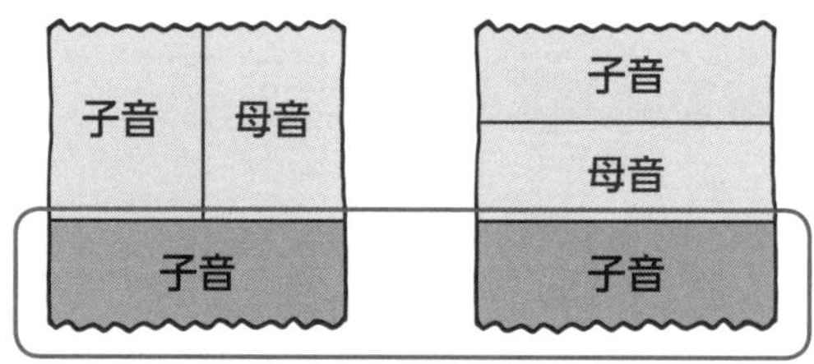

パッチムは韓国語で「下敷き」や「支え」という意味です！
ハングルでは**받침**と書きます。

김　울

例えば上の**김**の**ㅁ**や、**울**の**ㄹ**がパッチムにあたります。この**ㅁ**や**ㄹ**、どこかで見たことありますよね？　平音(P.022)の子音字です。もちろん**ㅁ**や**ㄹ**以外にも、さまざまな子音字がパッチムとして使われます。

ちなみに、「二重パッチム」といって、パッチムが2個つくものもあります。

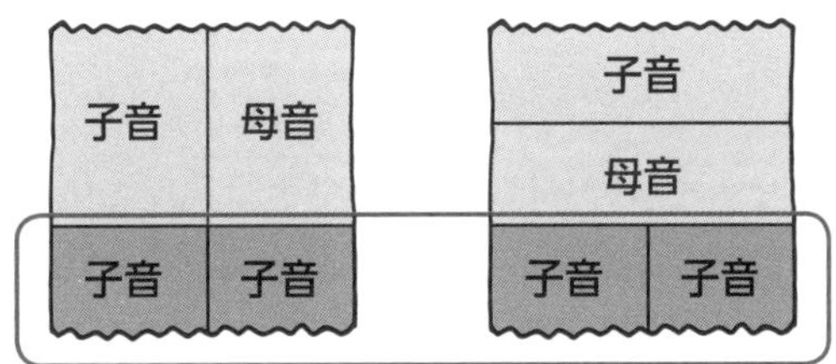

없　늙

この二重パッチムに関しては、また後のレッスン(P.046)で扱いますので、今はそういうものがあるということだけ覚えておいてください。

ここまで読んで、パッチムって厄介だなと感じている方もいらっしゃると思います。しかし、整理をすれば覚える量は少なく、しかも発音は、日本語母語話者であれば無意識にできているものなのです。

まず、このレッスンでは、パッチムの発音は２つのグループに分けられるということだけを覚えておきましょう。

“ん”グループ　　**“つ”グループ**

基本母音字のレッスン（P.015）でも述べましたが、**어**と**오**がどちらも日本人には「オ」に聞こえるように、日本語と韓国語では、音をどう区別するかの基準が違います。それはパッチムも同じで、日本語では「ん」と「っ」は一通りしか表記するすべがないので気づきませんが、韓国人にはそれぞれ何種類かの音に聞こえています。しかし上でも述べた通り、実は日本人である私たちは無意識にその複数の音を発音し分けています。そして、その発音し分けている複数の音こそが、パッチムの発音なのです！

どういうことか、さっそく次のレッスンでパッチムの発音をていねいに見ていきましょう。

かくにんドリル

問題1　下線にあてはまる言葉を入れましょう。

① パッチムとは、「子音＋母音」の下に来る ＿＿＿＿＿＿ のこと。

② ＿＿＿＿＿＿ がパッチムとして使われる。

③ パッチムが２個つく「＿＿＿＿＿＿」というものがある。

④ パッチムの発音は
「＿＿＿＿＿＿グループ」「＿＿＿＿＿＿グループ」
に分けられる。

問題2　下記の文字のパッチムにあたる位置を丸で囲みましょう。

알　　음　　원

떡　　앗　　억

Lesson 7 パッチムの発音①

ではさっそく、「"ん"グループ」のパッチムの発音から見ていきましょう。次の日本語の単語を実際に声に出して言ってみてください。

かんこく　かんとう　がんばる

これらの単語は、それぞれ「ん」を含んでいますが、この３つの「ん」は実はどれも違う音です。３つの「ん」の唇や舌などの位置の違いがわかりますか？

人間が子音を発するときに使うのは主に**舌付け根**、**舌先**、**唇**の３カ所です。そして「ん」にも「舌付け根を使う"ん"」「舌先を使う"ん"」「唇を使う"ん"」があります。どんな「ん」を発音するかを決めているのは、ズバリ「"ん"の直後の音」です。例えば「ん」の直後の音が唇を使う音なら、「ん」は「唇を使う"ん"」になります。

つまり、私たちは「ん」を発音するとき、直後の音を出すのに最も労力が少ない発音の（直後の音と同じ箇所で発音する）「ん」を無意識に選ぶのです。

先ほどの３つの例を口腔図（P.098）と呼ばれる口の中の形がわかる絵で見ていきましょう。

① かんこく

「かんこく」では、「ん」の直後が「こ」という舌付け根を使う音なので、それに合わせて「ん」は「舌付け根を使う“ん”」になります。「かんこく」と発音してみると、「ん」のときに口がボヤッと開いて、舌先や唇がどこにも触れておらず、舌の付け根辺りが盛り上がったような状態になるはずです。喉への通り道が閉じる感覚に近いです。そして、息が鼻から抜けます。この**舌付け根を使う“ん”が、ㅇパッチムの音**です。ㅇは音がないことを表す子音字ですが、パッチムの位置に来ると“ん”という音を表すようになります。

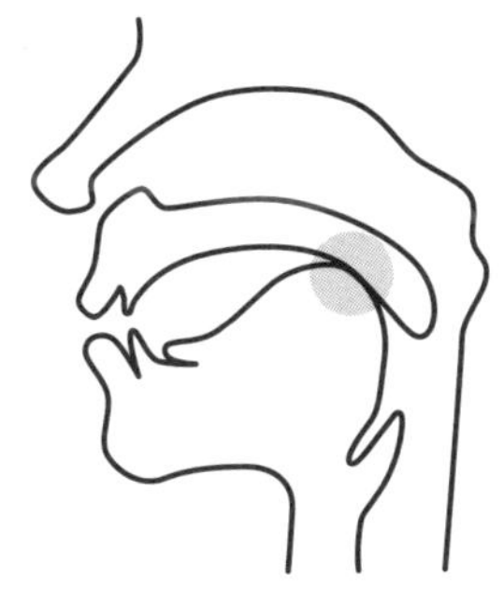

② かんとう

また「かんとう」の「と」は舌先を使う音なので、「ん」も「舌先を使う“ん”」になります。「かんとう」と言うときの「ん」では、舌先が上の前歯の付け根付近にそっと触れるはずです。これも息が鼻から抜けます。この**舌先を使う“ん”が、ㄴパッチムの音**です。

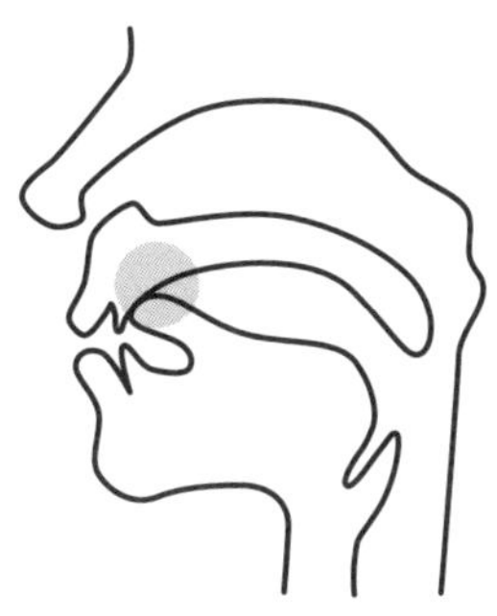

③ がんばる

最後に「がんばる」の「ば」は、発音するのにいったん唇を閉じる必要があるので、このときの「ん」は「唇を使う"ん"」となります。「がんばる」と言うときの「ん」では、唇がしっかりと閉じて息が鼻から抜けるはずです。この**唇を使う"ん"が、ㅁパッチムの音**です。

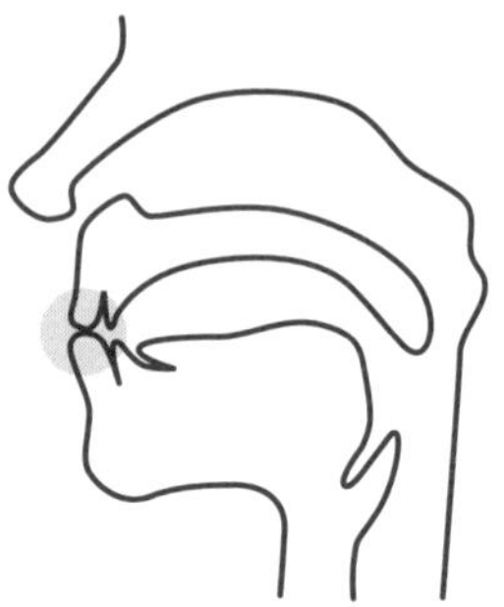

整理すると、「ん」グループのパッチムは平音のㅇ、ㄴ、ㅁで、発音は以下のようになります。

「"ん"グループ」のパッチムの発音

ㅇ パッチム ng	▶	「かんこく」の「ん」、舌付け根を使う"ん"、鼻から息が出る
ㄴ パッチム n	▶	「かんとう」の「ん」、舌先を使う"ん"、鼻から息が出る
ㅁ パッチム m	▶	「がんばる」の「ん」、唇を使う"ん"、鼻から息が出る

かくにんドリル

問題1　下線部と同じ発音のパッチムを線で結びましょう。

かんこく　　かんとう　　がんばる

ㄴ　　ㅇ　　ㅁ

問題2　下線部がどのパッチムの発音になるか選び、丸で囲みましょう。

① あんかけ　[ㅇ　ㄴ　ㅁ]

② あんたい　[ㅇ　ㄴ　ㅁ]

③ あんない　[ㅇ　ㄴ　ㅁ]

④ あんぴ　[ㅇ　ㄴ　ㅁ]

⑤ あんまく　[ㅇ　ㄴ　ㅁ]

⑥ あんき　[ㅇ　ㄴ　ㅁ]

Lesson 8 パッチムの発音②

「"っ"グループ」のパッチムの発音を見ていきましょう。さっそく、次の単語を声に出して言ってみてください。

やっかい　　やったー

やっぱり　　かっら！

これら４つの「っ」を発音するときも、「ん」同様、それぞれの後ろの音に合わせて、無意識に発音を変えています。

① やっかい

「やっかい」の場合、「っ」の後ろに舌付け根を使う「か」が来ているので、「っ」も舌付け根を使います。「舌付け根を使う"ん"」と同じく、口がボヤッと開いて、舌先や唇がどこにも触れておらず、舌の付け根辺りが盛り上がったような状態になるはずです。しかし、「舌付け根を使う"ん"」と違い、これは鼻から息が出ず、音がスパッと切れます。この**舌付け根を使う"っ"が、ㄱパッチムの音**です。

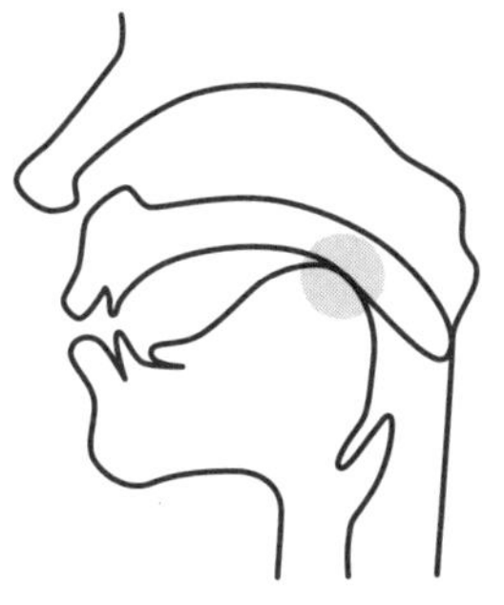

② やったー

「やったー」は、「っ」の後ろに舌先を使う「た」が来ているので、「っ」も舌先を使います。こちらも「舌先を使う"ん"」と同様、舌先が上の前歯の付け根付近にそっと触れるはずです。しかし鼻から息が出ず、音がスパッと切れます。この**舌先を使う"っ"が、ㄷパッチムの音**です。

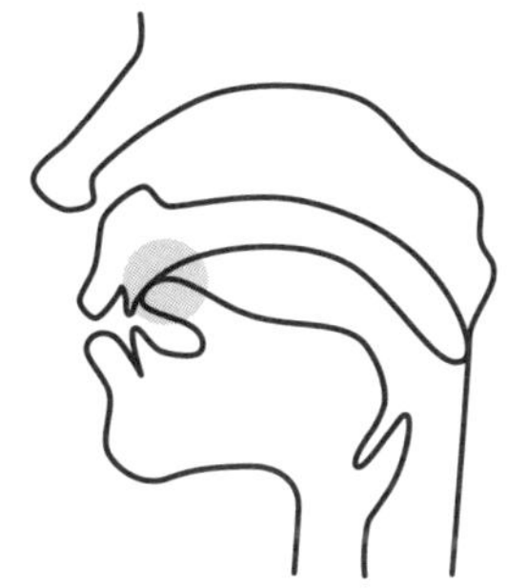

③ やっぱり

続いて「やっぱり」の場合、「っ」の直後に唇を使う「ぱ」が来ているので、「っ」も唇を使います。「やっぱり」のときの「っ」で、唇がしっかり閉じられていて、鼻から息が出ず、音がスパッと切れることを確認してください。この**唇を使う"っ"が、ㅂパッチムの音**です。

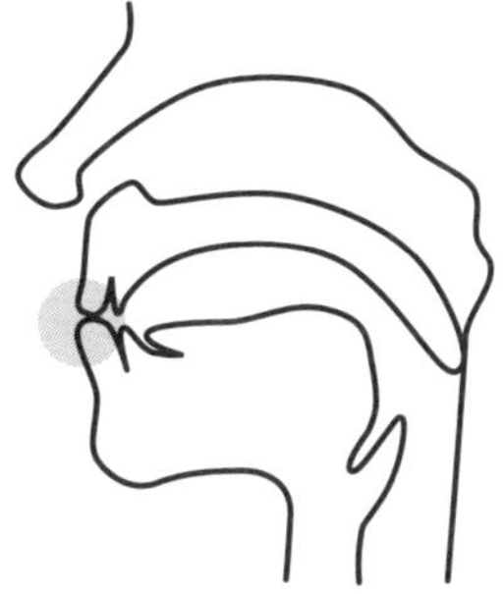

④ かっら！

「食べ物が辛い」ことを強調して言うとき「かっら！」と言いますよね。このときの「っ」が **ㄹ** パッチムの音です。練習法は、ゆーっくり「かっら」と言ってみることです。そうすると、「か」から「ら」に移るとき、舌先がヒュッと上あごにくっつくのがよくわかるはずです。これは、「ら」を発音するために舌が準備している状態です。その位置で舌を離すのをぐっと我慢して音を出し続けてください。それが **ㄹ パッチムの舌の位置と音**です。

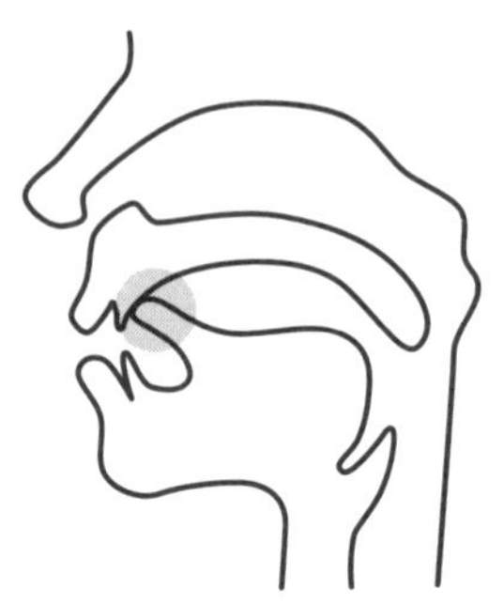

整理すると、「"っ"グループ」のパッチムは平音の **ㄱ**、**ㄷ**、**ㅂ**、**ㄹ** で、発音は以下のようになります。

「"っ"グループ」のパッチムの発音

ㄱ パッチム k	「やっかい」の「っ」、舌付け根を使う"っ"、音が切れる
ㄷ パッチム t	「やったー」の「っ」、舌先を使う"っ"、音が切れる
ㅂ パッチム p	「やっぱり」の「っ」、唇を使う"っ"、音が切れる
ㄹ パッチム l	「かっら」の「っ」、口から息が出続ける

かくにんドリル

問題1　下線部と同じ発音のパッチムを線で結びましょう。

やったー　　やっぱり　　やっかい　　かっら！

ㄱ　　ㄷ　　ㅂ　　ㄹ

問題2　下線部がどのパッチムの発音になるか選び、丸で囲みましょう。

① どっち　[ㄱ　ㄷ　ㅂ　ㄹ]

② とっぱつ　[ㄱ　ㄷ　ㅂ　ㄹ]

③ どっきり　[ㄱ　ㄷ　ㅂ　ㄹ]

④ きって　[ㄱ　ㄷ　ㅂ　ㄹ]

⑤ きっぷ　[ㄱ　ㄷ　ㅂ　ㄹ]

⑥ きっこう　[ㄱ　ㄷ　ㅂ　ㄹ]

⑦ えっら！　[ㄱ　ㄷ　ㅂ　ㄹ]

Lesson 9 パッチムに使われる文字

パッチムには、「**“ん”グループ**」「**“っ”グループ**」の発音があることが、これまでの学習で理解できたかと思います。

ところで、「パッチム(P.034〜035)」でお伝えしたように、パッチムは１個つく場合と、２個つく場合(二重パッチム)があります。

パッチム

子音 母音
子音

子音
母音
子音

二重パッチム

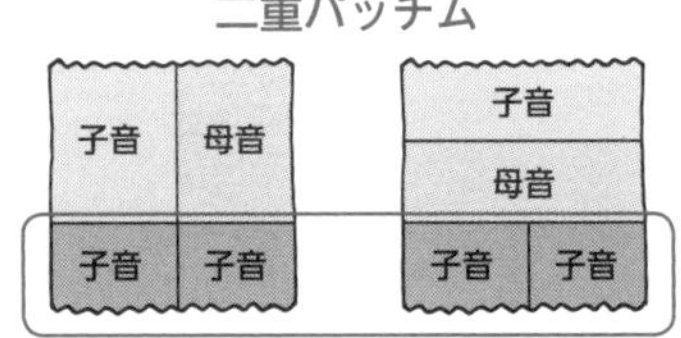

子音 母音
子音 子音

パッチムにはさまざまな子音字が使われますが、使われる子音字は**平音９個、激音５個、濃音はㄲ、ㅆの２個**(ㄸ、ㅃ、ㅉは使われません)の、計16個です。

そして、それに加えて特定の子音字を組み合わせた二重パッチムに、下の**11個**が使われます。

ㄵ　ㄶ　ㄻ　ㄳ　ㄺ　ㅄ

ㄿ　ㄼ　ㄽ　ㄾ　ㅀ

じゃあまた新しく11個も発音を覚えなくちゃいけないのか？　いいえ、そんなことはありません！　これらのパッチムを整理すれば、これまでに学んだ「“ん”グループ」「“っ”グループ」の発音７種類に分けられるのです。

二重パッチムを含めた全27個のパッチムを発音ごとに分けると、以下のようになります。

グループ	発音	パッチムに使われる子音字
“ん”	ㅇ ng	ㅇ
	ㄴ n	ㄴ　ㄵ　ㄶ
	ㅁ m	ㅁ　ㄻ
“っ”	ㄱ k	ㄱ　ㅋ　ㄲ　ㄳ　ㄺ
	ㄷ t	ㄷ　ㅌ　ㅅ　ㅆ　ㅈ　ㅊ　ㅎ
	ㅂ p	ㅂ　ㅍ　ㅄ　ㄿ
	ㄹ l	ㄹ　ㄼ※　ㄽ　ㄾ　ㅀ

※ㄼはごく一部の単語で例外的にㅂと発音することがありますが、それ以外はㄹと発音します。

「“っ”」グループのㄱを例に説明すると、ㄱとして発音されるパッチムは、ㄱの他にㅋ、ㄲ、ㄳ、ㄺがあります。つまり、パッチムにㄱ、ㅋ、ㄲ、ㄳ、ㄺと書かれていたら、すべて[ㄱ]として発音するということです。

ちなみに、二重パッチムは基本的には左側のパッチムのみを発音しますが、「ㄺ、ㄻ、ㄿ」だけは右側の「ㄱ、ㅁ、ㅍ」を発音するので気を付けてください。

では、パッチムに使われる文字と発音がわかったところで、パッチムが含まれる韓国語の単語を読んでみましょう。その際、「子音＋母音」の読み方も思い出しながら発音を確認しましょう。

19

ㅇ	ng	▶ 빵	パン	상	賞	콩	豆
ㄴ	n	▶ 손	手	안	中	우산	傘
ㅁ	m	▶ 김	海苔（のり）	힘	力	삶	暮らし
ㄱ	k	▶ 약	薬	부엌	台所	닭	鶏
ㄷ	t	▶ 꽃	花	옷	服	밭	畑
ㅂ	p	▶ 입	口	밥	ごはん	앞	前
ㄹ	l	▶ 길	道	술	酒	달걀	鶏卵

今はすらすら読めなくても大丈夫です。パッチムが含まれる単語に出合うたびに「子音＋母音＋子音（パッチム）」の音を１個ずつ確認しながら、読むことでだんだんと慣れるはずです！

かくにんドリル

問題1　次の単語を「子音＋母音＋子音（パッチム、二重パッチム）」に分解しましょう。 ⬇20

例）닭 鶏　ㄷ ＋ ㅏ ＋ ㄺ

① 흙 土　＿＿ ＋ ＿＿ ＋ ＿＿

② 밑 下　＿＿ ＋ ＿＿ ＋ ＿＿

③ 값 値段　＿＿ ＋ ＿＿ ＋ ＿＿

④ 일 仕事　＿＿ ＋ ＿＿ ＋ ＿＿

問題2　次のハングルの発音として正しいものを選び、丸で囲みましょう。

① 않 [안 , 앋]　② 긁 [극 , 글]

③ 넋 [넉 , 넏]　④ 읽 [일 , 익]

⑤ 없 [업 , 얻]　⑥ 앓 [알 , 앋]

パッチムの発音

ここまで見てきて、「"ん"グループ」と「"っ"グループ」のパッチムが日本語でも使われている音であることは、おわかりいただけたと思います。しかし、日本語でも使われている音であるにもかかわらず、日本語ネイティヴの韓国語学習者で、パッチムの発音を苦手とする人は大勢います。

そこで、ここからは「日本語ネイティヴだからこそ気をつけるべきポイント」についてご説明いたします。次の単語をご覧ください。

21 **한국**

これは「韓国」という意味の単語で、読み方は「ハングッ」です。カタカナを単純に読んだとき「後ろの音に合わせる法則(P.038)」に従うと、このときの「ン」は、後ろに舌付け根を使う「グ」が待っているので「舌付け根を使う"ん"」になります。

「舌付け根を使う“ん”」は、韓国語では **ㅇ** パッチムでした(P.039)が、**한국**の**한**を見ると **ㄴ** パッチムになっています。ここにカタカナ読みとハングル読みの発音の差が生まれてしまうのです。

本来[**한국**]と発音すべきところが、カタカナ読みにつられて[**항국**]となってしまっては正しい発音とは言えません。つまり、日本語ネイティヴの韓国語学習者が気をつけるべきは、「後ろの音に合わせないようにする」ということなのです。韓国語では、「どの“ん”、どの“っ”で発音するかは、後ろの音ではなくパッチムが教えてくれている」ということを忘れないようにしましょう！

それともう１つ、先ほどの**한국**を「ハングッ」ではなく「ハングク」のように、「ッ」の音を[k]ではなく[ku]と読んでしまうのも、日本語ネイティヴの韓国語学習者はやりがちです。実はこれも、日本語のある特徴が原因なのです。

日本語は基本的に、母音で終わる言語です。「ん」や「っ」を除いて子音を表記するすべがないことからもわかります。しかし、話すときに必ずしも母音が発音されるとは限りません。例えば東京方言で「ありがとうございます」と言うとき、発音は「ありがとうございまs」となります。実際に「ありがとうございます」と言って、最後の音を伸ばしてみてください。「う～」ではなく、「s～」と歯の隙間からただ空気の漏れるような音がするはずです。これが、母音を発音していない証拠なのです。

しかし、母音に慣れ切っている私たちは「す」と言っていると思っているし、聞く側も「す」だと認識します。母音主体の言語感覚で育った日本語ネイティヴは、無意識に母音を補ってしまうのです。

英語で「milk」という「子音・母音・子音・子音」の1音の単語を、「ミルク」と「子音・母音 子音・母音 子音・母音」の3音で言ってしまうのはそのためです。

これと同じことが韓国語を話す際も起きています。**국**[グッ]という子音終わりの1音に、母音を勝手に補って、[グク]と2音で発音してしまうのです。

ということで、日本語ネイティヴの韓国語学習者が気をつけるべきポイントの2つ目は、「母音を補わず、子音で終わることを意識する」ということです！

動画でも解説していますので、併せて確認してみましょう。

かくにんドリル

問題 1　次の単語は、カタカナ読みをしたときの発音がハングル本来の発音と異なるものです。カタカナ読みにならないように気をつけながら発音してみましょう。 ⤓22

① **강남** 江南　　カンナム

② **양말** 靴下　　ヤンマル

③ **안경** 眼鏡　　アンギョン

問題 2　単語を発音する音声を聞き、正しく発音されているのはAの音声か、Bの音声か選び、丸で囲みましょう。 ⤓23

① **한국** 韓国　[Aの音声　、 Bの音声]

② **김치** キムチ　[Aの音声　、 Bの音声]

③ **알** 卵　[Aの音声　、 Bの音声]

④ **책** 本　[Aの音声　、 Bの音声]

⑤ **집** 家　[Aの音声　、 Bの音声]

Step 1
総合練習ドリル

問題1　音声を聞いて、それをハングルで書いてみましょう。 ⤓24

① ________　② ________

③ ________　④ ________

問題2　音声を聞いて、実際に声に出して読んでみましょう。 ⤓25

① 오　② 어　③ 요　④ 여　⑤ 우

⑥ 으　⑦ 에　⑧ 애　⑨ 예　⑩ 얘

問題3　音声を聞いて、その音声と合致するものを丸で囲みましょう。

⤓26

① [요 , 여]　② [우 , 으]

③ [오 , 어]

問題4 音声を聞いて、その音声と合致するものを丸で囲みましょう。

⬇27

① [워 , 왜]　② [애 , 얘]

③ [와 , 외]　④ [웨 , 의]

⑤ [위 , 예]

問題5 音声を聞いて、実際に声に出して読んでみましょう。

⬇28

① 비 雨　② 소고기 牛肉　③ 개 犬

④ 나이 年（年齢）　⑤ 아시아 アジア

問題6 音声を聞いて、実際に声に出して読んでみましょう。

⬇29

① 쥐 ネズミ　② 뇌 脳　③ 의사 医者

④ 예의 礼儀　⑤ 돼지 ブタ

問題7　音声を聞いて、実際に声に出して読んでみましょう。

⬇30

① 파 ネギ　② 혀 舌　③ 토마토 トマト

④ 치즈 チーズ　⑤ 키 身長

問題8　音声を聞いて、実際に声に出して読んでみましょう。

⬇31

① 꼬리 しっぽ　② 이따가 のちほど

③ 뿌리 根っこ　④ 씨 種　⑤ 찌개 チゲ

問題9　音声を聞いて、それをハングルで書いてみましょう。　⬇32

① ________ 家具　② ________ 大根

③ ________ 地球　④ ________ ウサギ

⑤ ________ 切手　⑥ ________ ゆず茶

⑦ ________ パパ　⑧ ________ ゾウ

⑨ ________ はちまき　⑩ ________ お菓子

問題10 次のパッチムを「"ん"グループ」「"っ"グループ」に分けて書き込みましょう。

ㄴ ㄱ ㅂ ㅁ ㅇ ㄹ ㄷ

"ん"グループ	"っ"グループ

問題11 音声を聞いて、実際に声に出して読んでみましょう。 ⤓33

① 잎 葉　② 곧 すぐ　③ 밤 栗　④ 약 薬　⑤ 산 山
⑥ 옷 服　⑦ 쌀 米　⑧ 꽃 花　⑨ 방 部屋　⑩ 컵 コップ

問題12 次の二重パッチムを、「左側を読むグループ」と「右側を読むグループ」に分けて書き込みましょう。

ㄵ ㄶ ㄻ ㄳ ㄺ ㅄ ㄿ ㄽ ㄾ ㅀ

左側を読むグループ	右側を読むグループ

ハングルの手書き文字

昔家族で韓国旅行をした際、飛行機の中でひとしきりハングルの読み方を姉に教えたことがあります。韓国に着いて街を歩いていると、**다이소**の文字を見た姉が、「ダイソー！」と喜々とした表情で言ったのです。ステップ1を終えたみなさまが、あのときの姉のように喜びに満ちた表情をなさっていることを願っております。

さて、みなさんは本書で韓国語を勉強されているので、当然タイピングされた文字を読んでいます。実はタイピングされたハングルは手書きのハングルと異なる点があるので、ご紹介しておきます。

①**ㅇ**はフォントによっては上部に小さい点があるように見えますが、手書きではただの○で書きます。

②**ㅅ**は二本の線の上部がぴったりくっついていますが、手書きでは漢字の「人」のように書きます。

③**ㅈ**はフォントによっては横棒の下に**ㅅ**が生えているように見えますが、手書きではカタカナの「ス」のように書きます。

④**ㅊ**と**ㅎ**は上の短い横棒を縦にして書いても大丈夫です。

⑤**ㄱ**、**ㅋ**は母音の上に書くときは直角、横に書くときはカタカナの「フ」「ヲ」の形で書きます。

구 큐 가 캬

Step 2

発音変化

このステップを学ぶ前に知っておきたいこと

発音変化

発音変化とは、ある条件がそろうと、見たままの読み方から変化してしまう現象のことを言います。例えば、韓国語を知らない人でも知っているであろう「カムサハムニダ(ありがとうございます)」という言葉ですが、実はこの有名な言葉にも発音変化が含まれています。発音変化はそれ程よく起こる現象なのです。

とはいえ、発音変化には「連音化(れんおんか)」「鼻音化(びおんか)」など名前のついたパターンがいろいろとありややこしいので、韓国語に慣れないうちにすべて丸暗記しようとすると確実に挫折します。読みながら「難しいな」と感じて勉強する意欲を失ってしまうくらいなら、ここはさらっと目を通すか、極端に言えば飛ばしても構いません。

嫌になったら読み飛ばし、後から戻って読んでも大丈夫です！

なぜ発音変化が起きるのかというと「見たままの読み方だと韓国人的に言いにくいから」です。ですから理屈的には、ハングル一文字一文字をきちんと発音できれば、発音変化も自然と起こるものが大半です。まずは焦らず母音、子音、パッチムの発音を身につけ、ある程度韓国語に慣れてきたと思えたときや、知りたくなったときに、ここに戻ってしっかりと目を通してくださいね。

ここから「パッチム」や「子音」という言葉をたくさん使います。しかし厳密にいえばパッチムも子音なので、ここでは「パッチム ＝ 文字の下につくもの」「子音 ＝ 一文字の中で最初に読むもの」と定義づけます。

34

発音変化の基本中の基本、「連音化」のルールから見ていきましょう。

ㅇ、ㅎ以外のパッチムのついた文字の次にㅇで始まる文字(母音)が来たら、前の文字のパッチムが次の文字の子音として使われます。"an apple"を「アナポー」と読むような感覚です。これを「連音化」といいます。

例えば下の例は、ㄱパッチムの次にㅇで始まる文字が来ているので、ㄱパッチムがㅇの位置に移動し、発音としては[구거]となります。

국어 国語 ▶ [구거]

他にも連音化する単語を見てみましょう。

발음 発音 ▶ [**바름**]

음악 音楽 ▶ [**으막**]

また、パッチムが二重パッチム(P.046)の場合、右側のパッチムだけが移動します。例えば下の例は、二重パッチム **ㄺ** の右側の **ㄱ** パッチムだけが **ㅇ** の位置に移動し、発音は[**일거요**]となります。

읽어요 読みます ▶ [**일거요**]

他にも二重パッチムの連音化の例を見てみましょう。

넓이 広さ ▶ [**널비**]

삶아요 ゆでます ▶ [**살마요**]

さて、ここまで見てきて、冒頭で述べた「ㅇ、ㅎ以外の」の理由、おわかりになりますか？　ㅇパッチムのときに連音化が起こらないのは、ㅇを次の文字の子音として使っても音がなく、意味がないからです。

ですから、例えば下の例のような場合、何も起こらず、ハングル表記のまま[**강아지**] [**영어**]と読みます。

강아지 子犬 ▶ [**강아지**]

영어 英語 ▶ [**영어**]

一方、ㅎパッチムのときに連音化が起こらないのはまた少し違った現象が起こるからです。次のレッスン「ㅎの発音変化」で詳しく見ていきましょう。

かくにんドリル

問題 次の単語の発音をハングルで書いて、声に出して読んでみましょう。 35

① 단어 単語 [ ]

② 일본어 日本語 [ ]

③ 한일 日韓 [ ]

④ 직업 職業 [ ]

⑤ 한국인 韓国人 [ ]

⑥ 일본인 日本人 [ ]

⑦ 금요일 金曜日 [ ]

⑧ 앉아요 座ります [ ]

⑨ 읽어요 読みます [ ]

⑩ 젊어요 若いです [ ]

Lesson 12
ㅎの発音変化

前回の連音化の最後にもあったように、ㅎはさまざまな発音変化を起こすくせ者です。まずはㅎが引き起こす２つの発音変化を知っておきましょう。

① ㅎの無音化 ⬇36

ㅎパッチムの次にㅇで始まる文字が来るとき、連音化はせずに、ㅎパッチムが消えます。これが「ㅎの無音化」です。例えば下の例の場合、ㅎパッチムが完全に消え、[**조아요**] [**노아요**] と発音されます。

좋아요 良いです ▶ [**조아요**]

놓아요 置きます ▶ [**노아요**]

また、パッチムが二重パッチムの場合、右側のㅎパッチムだけが消え、左側のパッチムは残り発音されます。

例えば下の例をご覧ください。この場合、ㄶパッチムのㅎが消え、ㄴだけが残ります。さらに残ったㄴパッチムが連音化(P.062)して、[마니]と発音されます。

많이 たくさん

▶[만이]▶[마니]

② ㅎの弱音化 ⤓37

ㄴ、ㄹ、ㅁパッチム(激音がない平音のパッチム)の次にㅎが来ると、激音であるㅎがそのパワーを失い、ㅎがほとんど発音されません。これが「ㅎの弱音化」です。

例えば下の例は、ㄴパッチムの次にㅎが来ているのでㅎの弱音化が起こります。するとㄴパッチムがㅎのあった位置に移動して発音は[저놔]となり、連音化と同じような現象が起こります。

전화 電話 ▶[저놔]

厳密に言うと、無音化は完全に音がなくなるのに対し、弱音化は音が完全になくなるわけではないので、ゆっくり**전화**と発音すると、[**전화**]と**ㅎ**の音が残ります。でも、厳密に考えるのがイヤな方は「連音化と同じ」と覚えておいて問題ありません！

そして、もう１つ弱音化するパターンが「**ㅇ**パッチム＋**ㅎ**」の場合です。ただしこの場合は、**ㅎ**は弱音化するものの、**ㅇ**パッチムはそのまま発音します。

例えば下の例は、２文字目の子音**ㅎ**が弱音化しますが、１文字目の**ㅇ**パッチムはそのまま発音するので、[**영아**]という発音になります。

영하 零下 ▶ [**영아**]

かくにんドリル

問題 次の単語の発音をハングルで書いて、声に出して読んでみましょう。 38

① **삼호선** 3号線 [ ]

② **은행** 銀行、銀杏 [ ]

③ **괜찮아요** 大丈夫です [ ]

④ **문화** 文化 [ ]

⑤ **번호** 番号 [ ]

⑥ **영화** 映画 [ ]

⑦ **좋아요** 良いです [ ]

⑧ **싫어요** 嫌です [ ]

⑨ **말해요** 言います [ ]

⑩ **낳아요** 産みます [ ]

Lesson 13 激音化

⤓39

ここまで見てきたように、ㅎは他の音に取り込まれてしまいがちですが、ㅎが他の音に影響を与える、「激音化(げきおんか)」という現象があります。

「激音化」とは、激音を持つ平音ㄱ、ㄷ、ㅂ、ㅈの前後どちらかにㅎ(ㄶ、ㅀパッチムを含む)があるとき、それらが合体して激音として発音されるというものです。具体的に見ていきましょう。

例えば下の例では、ㄱパッチムの後ろにㅎが来ているので、それらが合体し、激音"ㅋ"として生まれ変わります。つまり発音は[추카]です。

축하 祝賀 ▶ [**추카**]

次の例は、逆にㅎパッチムの後ろにㄷが来ているので、それらが合体し、"ㅌ"として生まれ変わります。つまり発音は[조타]となります。

좋다 良い ▶ [**조타**]

これはㅎを含む二重パッチムㄶ、ㅀでも同じです。例えば下の例だと、二重パッチムㄶのㅎだけが次の子音ㄷと合体して“ㅌ”になり、ㄴパッチムの発音は残ります。つまり[만타]と発音します。

많다 多い ▶ [**만타**]

ただし1つだけ注意しなくてはいけない点があります。それはㄱ、ㄷ、ㅂパッチムの後ろにㅎが来る場合です。ここでいう「ㄱ、ㄷ、ㅂパッチム」とは、正確には「ㄱ、ㄷ、ㅂで発音されるパッチム」ということです。

「ㄱ、ㄷ、ㅂで発音されるパッチム」とは何か、パッチムのグループを思い出してみましょう。

ㄱ k	ㄱ ㅋ ㄲ ㄳ ㄺ
ㄷ t	ㄷ ㅌ ㅅ ㅆ ㅈ※ ㅊ ㅎ
ㅂ p	ㅂ ㅍ ㅄ ㄿ

※ただしㅈパッチムは히が後ろにくると、ㅊと激音化します。

例えば韓国料理の**닭한마리**(タッカンマリ)の**닭**に**ㄺ**パッチムがありますが、これは**ㄱ**として発音されるので、**닭**の発音は[**닥**]ということになります。その**ㄱ**と**ㅎ**が合体して“**ㅋ**”として生まれ変わるので、発音は[**다칸마리**]となります。

닭한마리 [닥한마리] タッカンマリ

▶ [**다칸마리**]

他にも、特に「～と」という意味の**하고**(P.180)がつく際に起こることが多いので、気をつけましょう。

꽃하고 [꼳하고] 花と ▶ [**꼬타고**]

값하고 [갑하고] 値と ▶ [**가파고**]

かくにんドリル

問題　次の単語の発音をハングルで書いて、声に出して読んでみましょう。 40

① 백화점 百貨店 [　　　　]

② 급행 急行 [　　　　]

③ 이렇게 このように [　　　　]

④ 입학 入学 [　　　　]

⑤ 옷 한 벌 服１着 [　　　　]

⑥ 육회 ユッケ [　　　　]

⑦ 못해요 できません [　　　　]

⑧ 북한 北朝鮮 [　　　　]

⑨ 넣다 入れる [　　　　]

⑩ 악화 悪化 [　　　　]

Lesson 14 鼻音化①

⤓41

そもそも「鼻音(びおん)」とは何かということですが、その名の通り、発音をする際に鼻から息が漏れる音のことです。具体的には **ㅇ**、**ㄴ**、**ㅁ** の「"ん"グループ」の3つです。そして「"っ"グループ」の中の **ㄱ**、**ㄷ**、**ㅂ** は鼻から息が漏れない「口音(こうおん)」と呼ばれる音です。それぞれ「舌付け根」「舌先」「唇」のどこを使って発音するのかを下の表で改めて確認しましょう。なお「"っ"グループ」の **ㄹ** パッチムは、「口音」に含まれないので、ここでは考えないようにします。

	舌付け根	舌先	唇
鼻から息漏れあり (鼻音) **"ん"グループ**	ㅇ	ㄴ	ㅁ
鼻から息漏れなし (口音) **"っ"グループ**	ㄱ (ㅋ ㄲ ㄳ ㄺ)	ㄷ (ㅅ ㅈ ㅊ ㅌ ㅎ ㅆ)	ㅂ (ㅍ ㅄ ㄿ)

※（　）内のパッチムは、すべて（　）外のパッチムの音で発音されます。

「鼻音化」とは、ある条件がそろうと左ページの表の「鼻から息漏れなし」タイプの音「口音」が、「鼻から息漏れあり」タイプの「鼻音」に変わることを言います。その際、「舌付け根」「舌先」「唇」のそれぞれの部門を超えることはありません。つまり「唇」の **ㅂ** が「舌先」の **ㄴ** になったり、「舌付け根」の **ㄱ** が「唇」の **ㅁ** になったりすることはありません。

では、鼻音化が起こる条件とはどのようなものでしょうか。それは、**「"っ"グループ」のパッチムの次に鼻音 ㄴ 、ㅁ が来たとき**です。

例えば、ステップ2に入る前に紹介した「カムサハムニダ(ありがとうございます)」は、ハングルで書くと**감사합니다**です。この"**합니**"の2文字に注目すると、「"っ"グループ」の **ㅂ** パッチムの後ろに、鼻音 **ㄴ** が来ています。すると **ㅂ** パッチムは、後ろの鼻音に引っ張られるように、自分と同じ「唇」を使う「"ん"グループ」の音である **ㅁ** パッチムに変化します。つまり、発音は[**감사함니다**]となります。

감사합니다 ありがとうございます

▶ [**감사함니다**]

同様に、**거짓말**(うそ)は、「“っ”グループ」の[**ㄷ**]として発音される **ㅅ**パッチムの次に鼻音 **ㅁ** が来ているので、**ㅅ**(**ㄷ**)パッチムは「舌先」を使う鼻音の **ㄴ** に変わり、[**거진말**]と発音されます。

거짓말 うそ ▶ [거진말]

악마(悪魔)の場合は「“っ”グループ」の **ㄱ** パッチムの後ろに鼻音である子音の **ㅁ** が来ているので、**ㄱ** パッチムは「舌付け根」を使う鼻音の **ㅇ** に変わり、[**앙마**]と発音されます。

악마 悪魔 ▶ [앙마]

ここまでが鼻音化の基本的な仕組みの説明です。次のレッスンでこれを応用させた鼻音化を見ていくので、このレッスンで扱った基本的な仕組みは、今のうちに理解しておいてください！　でも「ちょっと無理かも…」という方は、思い切ってページを飛ばしましょう！

かくにんドリル

問題 次の単語の発音をハングルで書いて、声に出して読んでみましょう。 ⬇42

① 국물 汁、スープ [ ]

② 십 년 10年 [ ]

③ 국민 国民 [ ]

④ 옛날 昔 [ ]

⑤ 앞니 前歯 [ ]

⑥ 백만 100万 [ ]

⑦ 첫눈 初雪 [ ]

⑧ 입문 入門 [ ]

⑨ 식물 植物 [ ]

⑩ 작년 昨年 [ ]

Lesson 15 鼻音化②

43

前のレッスンで基本の鼻音化を学びました。このレッスンでは鼻音化が起こるもう１つの条件を見ていきましょう。

それは「**ㄴ**、**ㄹ**以外のパッチムの直後に**ㄹ**が来た場合、その**ㄹ**が**ㄴ**に変化する」というものです。

例えば**심리**（心理）の場合、**ㅁ**パッチム（**ㄴ**、**ㄹ**以外のパッチム）の次に**ㄹ**が来ているので、**ㄹ**が**ㄴ**に変化して、［**심니**］と発音します。

심리 心理 ▶ ［**심니**］

同じく、韓国ソウルの**종로**（鍾路）という地名も、**ㅇ**パッチム（**ㄴ**、**ㄹ**以外のパッチム）の次に**ㄹ**が来ているので、**ㄹ**が**ㄴ**に変化して、［**종노**］と発音します。

종로 鍾路 ▶ ［**종노**］

ここまでは、「子音の**ㄹ**が**ㄴ**に変わってしまう」という比較的単純な現象です。しかし、この鼻音化②の条件で注意しなければいけない点があります。

それは、左の条件に加えて、さらに**ㄴ**、**ㄹ**以外のパッチムの中でも「**ㄱ**、**ㄷ**、**ㅂ**で発音されるパッチム(“っ”グループ)の場合、前のレッスンで学んだ基本の鼻音化が併せて起こる」という点です。

例えばソウルに**왕십리**(往十里)という駅があります。この“**십리**”に注目してください。まず**ㅂ**パッチム(**ㄴ**、**ㄹ**以外のパッチム)の次に**ㄹ**が来ているので、**ㄹ**が**ㄴ**に変化し[**왕십니**]となります。これは鼻音化②の条件ですね。

왕십리 往十里 ▶ [**왕십니**] ▶

そして、この[**왕십니**]は、鼻音化①の条件「“っ”グループのパッチムの次に鼻音**ㄴ**、**ㅁ**が来たとき」にあてはまるので、**ㅂ**パッチムは同じ「唇」を使う「“ん”グループ」の**ㅁ**パッチムに変化します。ですから最終的な発音は[**왕심니**]となります。

▶ [**왕십니**] ▶ [**왕심니**]

ソウルに**대학로**(大学路)という場所がありますが、この場合どうなるでしょうか。この"**학로**"の部分も同じことが起こります。まず**ㄱ**パッチム(**ㄴ**、**ㄹ**以外のパッチム)の次に**ㄹ**が来ていますので、**ㄹ**が**ㄴ**に変化し[**대학노**]となります(鼻音化②)。

대학로 大学路 ▶ [**대학노**] ▶

この[**대학노**]は、鼻音化①の条件「"っ"グループのパッチムの次に鼻音**ㄴ**、**ㅁ**が来たとき」にあてはまるので、**ㄱ**パッチムは同じ「舌付け根」を使う「"ん"グループ」の**ㅇ**パッチムに変化します。ですから最終的な発音は[**대항노**]となります。

▶ [**대학노**] ▶ [**대항노**]

もちろん地名以外でも、条件がそろえば起きる発音変化です。「かくにんドリル」でいろいろな発音変化の例に触れながら、慣れていきましょう!

かくにんドリル

問題 次の単語の発音をハングルで書いて、声に出して読んでみましょう。 44

① 중력 重力 [ ]

② 정리 整理 [ ]

③ 음료수 飲料水 [ ]

④ 국립 国立 [ ]

⑤ 대통령 大統領 [ ]

⑥ 동료 同僚 [ ]

⑦ 종류 種類 [ ]

⑧ 컵라면 カップラーメン [ ]

⑨ 음력 陰暦 [ ]

⑩ 법률 法律 [ ]

Lesson 16
流音化、口蓋音化

タイトルから難しそうな名前が２つ並んでいますが、どちらも仕組みは単純な発音変化です。さっそくそれぞれの条件を見ていきましょう。

流音化(りゅうおんか) ⤓45

前のレッスンで学んだ鼻音化②で「ㄴ、ㄹ以外のパッチムの直後にㄹが来た場合、そのㄹがㄴに変化する」という条件がありました。この「ㄴ、ㄹ以外」という理由が、この項目で解説する流音化に関係しています。

そもそも「流音」とはㄹのことで、「流音化」とは「何かがㄹになってしまう」ということを表します。ずばり「流音化」とは、「ㄴの前後にㄹがある場合、そのㄴがㄹに変わる」というものです。

「流音」とは上あごにくっつけた舌の両脇を空気が流れることで発音される音のことです。

연락(連絡)という単語の発音をご覧ください。2文字目の子音 **ㄹ** の影響で、1文字目の **ㄴ** パッチムが **ㄹ** パッチムに変わってしまいます。

연락 連絡 ▶ [열락]

この現象は、逆に「**ㄹ** パッチム＋子音の **ㄴ**」のときにも起こります。例えば**실내**(室内)という単語は、**ㄹ** パッチムの影響で子音の **ㄴ** が **ㄹ** に変わってしまい、[**실래**]という発音になります。

실내 室内 ▶ [실래]

つまり、**ㄹ** が子音だろうがパッチムだろうが、隣接した **ㄴ** を **ㄹ** に変えてしまうということです！　例外もありますが、現段階では「**ㄹ** と **ㄴ** がくっついたら、**ㄴ** は **ㄹ** になる」と覚えておくといいでしょう。

口蓋音化(こうがいおんか) ⬇46

韓国語における口蓋音とは、舌が前歯の裏あたりの硬口蓋と呼ばれる部分(P.098)にあたって発せられる音**ㅈ**、**ㅊ**のことです。ということで、「口蓋音化」とは「何かが**ㅈ**、**ㅊ**の音になってしまう」ということです。

「口蓋音化」とは「**ㄷ**パッチム、**ㅌ**パッチムの後ろに**이**、**히**が来ると、それらが合体して**지**、**치**として発音される」ということです。口蓋音化するパターンを整理すると以下の3つだけなので、理屈抜きに覚えてしまうのも1つの手です！

① **ㄷ**パッチムの後ろに**이**が来ると、合体して[**지**]と発音される。

굳이 あえて ▶ [**구지**]

② **ㅌ**パッチムの後ろに**이**が来ると、合体して[**치**]と発音される。

붙이다 くっつける ▶ [**부치다**]

③ **ㄷ**パッチムの後ろに**히**が来ると、合体して[**치**]と発音される。

닫히다 閉じる ▶ [**다치다**]

かくにんドリル

問題1　次の単語の発音をハングルで書いて、声に出して読んでみましょう。 ⬇47

① 훈련 訓練 [ ]

② 관리 管理 [ ]

③ 일 년 1年 [ ]

④ 편리 便利 [ ]

問題2　次の単語の発音をハングルで書いて、声に出して読んでみましょう。 ⬇48

① 해돋이 日の出 [ ]

② 묻히다 埋められる [ ]

③ 같이 一緒に [ ]

④ 끝이다 終わりだ [ ]

「濃音化(のうおんか)」は、さまざまな条件の下起こります。このレッスンでは、入門レベルで知っておくべき濃音化の条件を２つだけ紹介します。

①「"っ"グループのパッチム(ㄹパッチム以外)＋濃音を持つ平音」

49

濃音化の一番ベーシックな条件、「"っ"グループのパッチム（ㄹパッチム以外）＋濃音を持つ平音」のとき、濃音を持つ平音（**ㄱ**、**ㄷ**、**ㅂ**、**ㅅ**、**ㅈ**）が濃音（**ㄲ**、**ㄸ**、**ㅃ**、**ㅆ**、**ㅉ**）に変わる、というものです。

例えば**약속**（約束）は、「"っ"グループ」のパッチムである**ㄱ**パッチムの後ろに、濃音を持つ平音の**ㅅ**が来ています。このとき、子音の**ㅅ**が濃音化し、発音は[**약쏙**]となります。

약속 約束 ▶ [**약쏙**]

他にもこんな例があります。

입국 入国 ▶ [입꾹]

숟가락 スプーン ▶ [숟까락]

학교 学校 ▶ [학꾜]

さて、「"っ"グループ」の ㄱ、ㄷ、ㅂ パッチムは、P.074の表にあるように「ㄱ、ㄷ、ㅂ で発音されるパッチム」のことでしたね。ですから次のような例も濃音化します。

닭발 [닥발] 鶏の足 ▶ [닥빨]

꽃다발 [꼳다발] 花束 ▶ [꼳따발]

②「ㄹパッチム＋ㄷ、ㅅ、ㅈ」 ※漢字語に限る ⤓50

「漢字語」とは、**약속**（約束）や**입국**（入国）のように、漢字を基にして作られた言葉のことです。そんな漢字語の中で、「**ㄹ**パッチムの後ろに**ㄷ**、**ㅅ**、**ㅈ**（「“っ”グループ」の舌先を使う平音、P.074）が来る漢字語」は、**ㄷ**、**ㅅ**、**ㅈ**が濃音**ㄸ**、**ㅆ**、**ㅉ**に変わります。

절대 絶対 ▶ [**절때**]

출산 出産 ▶ [**출싼**]

발전 発展 ▶ [**발쩐**]

濃音化は例外が非常に多いので、現段階ですべてを把握することは難しいです。学習を進めていくうちに徐々に身につけていけばいいので、わからなくてもどんどん先に進みましょう。このステップの最初にも書きましたが、難しく感じたら飛ばしても構いません！

かくにんドリル

問題　次の単語の発音をハングルで書いて、声に出して読んでみましょう。 ⬇51

① **젓가락** 箸 [　　　　　　]

② **족발** 豚足 [　　　　　　]

③ **출장** 出張 [　　　　　　]

④ **설정** 設定 [　　　　　　]

⑤ **세뱃돈** お年玉 [　　　　　　]

⑥ **약국** 薬局 [　　　　　　]

⑦ **입시** 入試 [　　　　　　]

⑧ **합격** 合格 [　　　　　　]

⑨ **활동** 活動 [　　　　　　]

⑩ **입술** 唇 [　　　　　　]

52

「ㄴ挿入」は、発音変化最後の関門です。これまで学んだ知識を使うと、例えば**부산역**（釜山駅）という単語は、連音化を起こして[**부사녁**]と読みそうなものです。しかし、正しくは[**부산녁**]と読むのです！　これが「ㄴ挿入」という現象です。この現象が起こるのは、以下の３つの条件がそろったときです。

条件①　**２語の合成語や結びつきの強い２語であること**
例）年末年始（年末＋年始）、日本料理（日本＋料理）

条件②　**前の単語の最後にパッチムがあること**

条件③　**後ろの単語の最初の文字が「i系の母音」であること**

「i系の母音」とは、**야**、**여**、**요**、**유**、**이**、**애**、**예**の７つです。どれも「イ」の要素を持った音だという共通点があります。

例えば**ㅠ**は、**ㅣ**から**ㅜ**に移る音です。試しに「イ」と言ってから素早く「ウ」と言ってみてください。すると「ユ」に聞こえるはずです。日本語でも「言う」のことを「ゆう」と発音しますよね。それと同じ理屈です。

先ほどの**부산역**の例ですと、**부산역**は**부산**(釜山)と**역**(駅)という2語からなる合成語です(条件①)。そして、前の単語**부산**には最後にパッチムがあります(条件②)。そして後ろの単語の母音は**여**ですから、「i系の母音」です(条件③)。3つの条件がめでたくそろったので、後ろの単語の**ㅇ**に**ㄴ**が挿入され、発音は[**부산녁**]となります。

부산역 釜山駅 ▶ [**부산녁**]

「挿入」と言っていますが、要は「子音の**ㅇ**が**ㄴ**に変わる」ということです。さてそんな**ㄴ**挿入ですが、子音が**ㄴ**になることで、鼻音化や流音化を併発することがあるので注意してください!

例えば**공덕역**(孔徳駅)です。これは**공덕**(孔徳)と**역**(駅)という2語でできていて、**공덕**には最後にパッチムがあり、後ろの単語の母音は**여**で「i系の母音」ですので、**ㄴ**挿入の条件がすべてそろっています。

ですから発音は[**공덕녁**]となりそうなものですが、ここで「"っ"グループのパッチムの次に**ㄴ**、**ㅁ**が来たときに鼻音化する」という発音変化(P.075)を思い出してください! **ㄴ**挿入されたことで、**공덕**の**ㄱ**パッチムが鼻音化し**ㅇ**パッチムになるので、最終的な発音は[**공덩녁**]となります。

공덕역 孔徳駅

▶ [**공덕녁**] ▶ [**공덩녁**]

では、**서울역**（ソウル駅）はどうなるでしょうか。**ㄴ**挿入を起こす条件はすべてそろっているので、まず[**서울녁**]となります。ここで、「**ㄹ**と**ㄴ**がくっついたら**ㄴ**は**ㄹ**になる」の流音化の条件（P.082）を思い出してください！　**ㄴ**が挿入されたことで、**서울**の**ㄹ**パッチムと反応し、挿入された**ㄴ**が**ㄹ**に変わります。ということで、最終的な発音は[**서울력**]となります。

서울역 ソウル駅

▶ [**서울녁**] ▶ [**서울력**]

なお、**ㄴ**挿入は濃音化同様例外が多いので、まずはここで学んだ原則を理解して、例外に関しては「そういうこともある」と気軽に考えておけば大丈夫です！

かくにんドリル

問題 1　ㄴ 挿入が起こる条件を説明した以下の文の空欄に、適切な言葉を埋めましょう。

① 2 語の ＿＿＿＿＿＿ や結びつきの強い 2 語であること

② 前の単語の最後に ＿＿＿＿＿＿ があること

③ 後ろの単語の最初の文字が「＿＿＿＿＿＿ の母音」であること

問題 2　以下の選択肢のうち、ㄴ 挿入が起こるものはその発音を、起こらないものは×を書きましょう。　53

① **한국 음식** 韓国の食べ物 [　　　　　]

② **일본 요리** 日本料理 [　　　　　]

③ **독바위역** ドッバウィ駅 [　　　　　]

④ **수학여행** 修学旅行 [　　　　　]

⑤ **미국 영화** アメリカ映画 [　　　　　]

Step 2
総合練習ドリル

問題 1　次の空欄に適切な言葉やハングルを入れ、提示された単語の実際の発音をハングルで書きましょう。　54

① 連音化とは、＿＿＿＿, ＿＿＿＿以外のパッチムのついた文字の次に、＿＿＿＿で始まる文字(母音)が来たら、前の文字のパッチムが次の文字の子音として使われる現象のこと。

불안 [　　　　　　]　**필요** [　　　　　　]
不安　　　　　　必要

② ㅎの無音化とは、ㅎパッチムの次に＿＿＿＿で始まる文字(母音)が来ると、連音化はせずに、ㅎパッチムが消える現象のこと。パッチムが二重パッチムの場合、右側のㅎパッチムだけが消え、左側のパッチムは残る。

넣어요 入れます　[　　　　　　]

잃어요 失います　[　　　　　　]

③ ㅎの弱音化とは、＿＿＿, ＿＿＿, ＿＿＿パッチム(激音がない平音のパッチム)の次にㅎが来ると、激音であるㅎがそのパワーを失い、ㅎがほとんど発音されないという現象のこと。また、＿＿＿＿パッチムの次にㅎが来ても、ㅎが弱音化するものの、＿＿＿＿パッチムはそのまま発音される。

암호 [　　　　　　　] **공항** [　　　　　　　]
暗号　　　　　　　　　　空港

만화 [　　　　　　　] **방학** [　　　　　　　]
漫画　　　　　　　　　　(学校の長期の)休み

④ 激音化とは、激音を持つ平音ㄱ、ㄷ、ㅂ、ㅈの前後どちらかに______(ㄶ、ㅀパッチムを含む)があるとき、それらが合体して激音として発音される現象のこと。

협회 [　　　　　　　] **앓다** [　　　　　　　]
協会　　　　　　　　　　患う

⑤ 口音が鼻音に変わる鼻音化は、「"っ"グループ」のパッチム(ㄹパッチム以外)の次に鼻音______,______が来ると起こる。

학문 [　　　　　　　] **젖니** [　　　　　　　]
学問　　　　　　　　　　乳歯

⑥ 鼻音化には、ㄴ、ㄹ以外のパッチムの直後に______が来ると、それが______に変化する、というパターンもある。その結果⑤の口音が鼻音に変わる鼻音化も併せて起こることがある。

강력 [　　　　　　　] **독립문** [　　　　　　　]
強力　　　　　　　　　　独立門

Step 2

⑦ 流音化とは、ㄴの前後に＿＿＿＿があるとき、そのㄴがㄹに変わる現象のこと。

실내 [　　　　　　　　]　관련 [　　　　　　　　]
室内　　　　　　　　　　関連

⑧ 口蓋音化とは、ㄷパッチム、ㅌパッチムの後ろに＿＿＿、＿＿＿が来ると、それらが合体して＿＿＿、＿＿＿として発音されるという現象のこと。

미닫이 [　　　　　　　　]　닫히다 [　　　　　　　　]
引き戸　　　　　　　　　閉まる

⑨ 濃音化の基本的な仕組みは、「“っ”グループ」のパッチム（ㄹパッチム以外）の次に濃音を持つ＿＿＿＿が来ると、それが濃音に変わるというもの。

식당 [　　　　　　　　]　복사 [　　　　　　　　]
食堂　　　　　　　　　　コピー

합성 [　　　　　　　　]　걱정 [　　　　　　　　]
合成　　　　　　　　　　心配

⑩ ㄴ挿入が起こる条件は、２語の合成語や結びつきの強い2語であること、前の単語の最後に＿＿＿＿があること、後ろの単語の最初の文字が＿＿＿＿の母音であること。ㄴが挿入されることで、鼻音化や流音化を併発することがある。

졸업 여행 卒業旅行 [ ]

깻잎 エゴマの葉 [ ]

問題 2 次の子音字を表の空欄に書き込み、表を完成させましょう。

ㅁ ㄴ ㅇ ㅂ ㄷ ㄱ

	舌付け根	舌先	唇
鼻から息漏れあり (鼻音) "ん"グループ			
鼻から息漏れなし (口音) "っ"グループ	(ㅋ ㄲ ㄳ ㄺ)	(ㅅ ㅈ ㅊ ㅌ ㅎ ㅆ)	(ㅍ ㅄ ㄿ)

Step 2

Kisokan column
キソカンコラム

口腔図

ここまで、韓国語の発音について見てきました。音の説明なので、文章だけ読んでもなかなか理解しづらい項目だと思います。動画や音声を何度も見て聞いて、たくさん練習してください！　また、いくつか出てきた口腔図も非常に有効な勉強道具です。

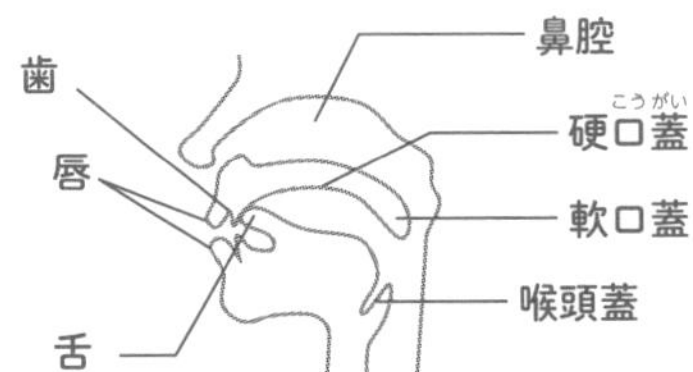

実は発音を文章で説明することは非常に難しいのです。それには２つ理由があります。まず１つは「音」という目に見えないものが説明対象だからです。そしてもう１つは、「人それぞれ日本語の発音の癖があるから」です。

日本語ネイティヴの方を対象にした場合、発音指導の方法として「日本語の感覚で…」という説明がよくされます。しかし、これは万人に共通して通用する説明ではないのです。僕自身、何人もの発音指導をしていくうちに、同じ日本語を話していても発音の癖があることに気づきました。

実例を挙げると、ㄹパッチムの場合、「日本語で“ラ”と言おうとして舌を止めてください」と言っても、舌がLの位置に来る方も、Rの位置に来る方もいます。両方の唇を閉じてから発音する音（両唇音）を、上前歯と下唇を閉じることで発音する方もいます。ですから「日本語の感覚で…」と説明してあるのは、「一般的には」という前提です。そして、その「一般的な」発音を口腔図で示してあるのです。

みなさまにも発音の癖があるかもしれないので、一般的な発音を知るために、口の中がどうなっているのかを客観的に見ることは非常に重要です。そういった意味で、口腔図は非常に有効な勉強道具なのです！

Step 3

文法

このステップを学ぶ前に知っておきたいこと

文法ってなに？

このステップでは、韓国語を学ぶ上で必要になる文法用語を解説してから、簡単な文章の組み立て方を学びます。

これまで多くの韓国語学習者の方と出会い、話をしてきましたが、国語の文法（国文法）の知識が抜けていて勉強に苦労している方が多く見受けられました。

そもそも、なぜ韓国語を学ぶために国文法をやらなくてはならないのでしょうか。それは、外国語を学ぶためには、言語を体系的に理解することが必要不可欠だからです。われわれが母語を身につけると、母語の世界観で物事を考えるようになります。それはすなわち、外国語の世界観を受け入れにくくなることを意味します。身につけた母語の知識が、外国語の習得を妨げるからです。そのような状態で、まるで新生児が母語を習得するように外国語を学ぼうとするのは無理があります。

そんなわれわれが外国語を学ぼうとした場合、やはりルール(文法)を学ぶことから入るのが得策です。中学での英語の授業を考えてみてください。「be動詞」や「不定詞」などの文法用語を使った授業だったのではないでしょうか。例えば、仮に「主語」という概念を知らなかった場合、「主語に合わせてbe動詞は変化します」と説明を受けても理解できないということになります。それでは、外国語習得の効率が低下するのは明らかです。

では、文法というものを知るにはどうすればいいか。それは母語を題材にして学ぶことです。そうすれば、今まで何気なく使っていた言葉にはルールがあったということに気がつくし、「彼は○○へ行った」の「彼」が「主語」というものなのだと知ることができます。要するに、既知の言語で文法を学ぶことによって、未知の言語への飛躍が可能になります。

この本でも文法用語を織り交ぜながら解説をしていくので、この章の内容はしっかり理解してください！　読み進めていく過程でわからなくなったら、何度でもこの章に戻って、確認をしてくださいね。

Lesson 19 文法用語①

文法を学ぶ上で必要な用語を取り上げます。ただし、ここでの解説は「とりあえずざっくりこういうものだと思っておいてください」というレベルです。じっくり解説するとそれだけで一冊の本になってしまいますので、韓国語を学ぶ上で使える情報のみにとどめてあります。

単語

一定の意味や用法を持ち、言葉としてそれ以上小さく分けることのできないもの。例えば、下の文章を単語の切れ目で区切ると、このようになります。

私 / は / 韓国語 / の / 勉強 / を / する

さらに、区切ったものをよく見ると、それだけで意味を成す言葉と、意味を成さない言葉に分けることができます。

自立語 … 単語の中で、それ１つで意味を持つもの。例えば左の例でいうと「私」「韓国語」「勉強」「する」がそれにあたります。

付属語 … 単語の中で、それ１つでは意味を持たず、自立語にくっつくことで力を発揮するもの。左の例でいうと「は」「の」「を」がそれにあたります。

文節

文章を意味が通じる最小単位で区切ったもの。意味が通じないといけないので付属語だけで文節は作れず、必ず自立語を必要とします。例えば、先ほどの文章を文節で区切ると、このようになります。

私は / 韓国語の / 勉強を / する

品詞

単語の種類のこと。この本で主に登場するのは、動詞、形容詞、名詞、助詞の４つです。「動詞、形容詞」「名詞」はそれぞれ「用言」「体言」と呼ばれ、これから韓国語を学ぶ上で非常に大切な区分です。しっかり覚えておいてください！

<table>
<tr><th>品詞</th><th>役割</th><th>例</th><th></th></tr>
<tr><td>動詞</td><td>物の動き、存在などを表す。</td><td>歩く、ある</td><td rowspan="2">用言</td></tr>
<tr><td>形容詞</td><td>物の性質、状態、人の感情などを表す。</td><td>寒い、楽しい、愚かだ</td></tr>
<tr><td>名詞</td><td>物の名前などを表す。</td><td>韓国、本、１つ</td><td>体言</td></tr>
<tr><td>助詞</td><td>他の語につき、意味をつけ加える。</td><td>～が、～を、～に</td><td></td></tr>
</table>

用言 …「動詞、形容詞」を合わせたもの。作用を表す言葉という意味。
体言 …「名詞」のこと。実体を表す言葉という意味。

名詞や助詞は、一目で品詞が何であるかわかります。そして日本語の用言の場合は、「動詞は“u”の音で終わる」「形容詞は“い”か“だ”で終わる」という、外見的な特徴があるので見分けることが容易です。問題は韓国語の用言の品詞の見分け方です。それについては次のレッスンで見ていきましょう。

かくにんドリル

問題1　次の一文の中で、自立語に下線を引きましょう。

今日はとても遅い時間まで勉強をする予定だ。

問題2　次の文章を、文節ごとに区切りましょう。

① 外国語が話せるようになるには、継続的な学習が欠かせません。

② ああ難しいと感じたら、ページを飛ばしても構いません。

③ 韓国を自由に旅行できたら楽しいと思いませんか？

④ ごはんを食べすぎて、おなかが痛いです。

問題3　次の単語の品詞を選びましょう。

① **韓国語**　[動詞・形容詞・名詞・助詞]

② **うるさい**　[動詞・形容詞・名詞・助詞]

③ **打つ**　[動詞・形容詞・名詞・助詞]

④ **学ぶ**　[動詞・形容詞・名詞・助詞]

⑤ **～が**　[動詞・形容詞・名詞・助詞]

Lesson 20
文法用語②

韓国語の用言の品詞は外見だけでは見分けることができません。なぜなら韓国語の場合、動詞も形容詞も、用言はすべて“**다**”で終わるからです。

しかも厄介なことに、韓国語の勉強を進めていく上で、「動詞だからこう」「形容詞だからこう」という理解が必要な場面がたくさんあります。ですから、品詞の表(P.104)で、それぞれの品詞の概念をきちんと理解しておく必要があります。

また韓国語には、日本語では名前を聞かない品詞が２つあります。「**存在詞**」と「**指定詞**」というものです。存在詞は、物や生物の存在・不在を表す「**있다**(ある、いる)」「**없다**(ない、いない)」の２つ、指定詞は物を指し示す「**이다**(〜だ)」「**아니다**(〜でない)」の２つだけで、どちらも用言に分類されます。

品詞	役割	例	
存在詞	物や生物の存在・不在を表す	**있다**、**없다**のみ	用言
指定詞	物を指し示す	**이다**、**아니다**のみ	

活用

用言が他の言葉の影響を受けて形を変えること。例えば「行きます」の場合、後ろに「ます」という言葉が来ているので、それに合わせて「行く」を「行き」に変えています。「寒かった」も、「た」という言葉があるので、「寒い」を「寒かっ」に変えています。これが「活用させる」ということです。

行く→ 行きます　　寒い → 寒かった

語幹

活用をしても変化をしない部分のこと。下の例で見ると、下線部は「行く」が活用した形ですが、その中でも「行」だけは変わらないので、「行く」という動詞の語幹は「行」となります。

行く → 行かない、行きます

韓国語の用言にも語幹はあります。韓国語の場合、語幹がどこであるかを見分けるのは容易で、用言の最後の“**다**”を取った下線部が語幹です。

먹다 食べる　**멀다** 遠い　**있다** ある・いる　**이다** ～だ

語幹に何かをくっつけることでさまざまな表現を作るので、「語幹」というのは非常に重要な概念です。しっかり覚えておいてください！

語尾

日本語における語尾とは、単語の活用する部分のこと。つまり、単語の「語幹でない部分」のことです。「語幹」の項目で挙げた「行く」を例にすると、「行」が語幹なので、「く」が語尾ということになります。

これは韓国語でも同じで、語幹以外の部分を「語尾」と呼びます。前の項目で「語幹に何かをくっつけることでさまざまな表現を作る」と言いましたが、その「何か」が語尾にあたります。この語尾に関しては後ほど扱うので、楽しみにしていてください！

ちなみに、語幹に言い切りの語尾**다**がついた形を、辞書に載っている形であることから「辞書形」と言います（基本形とも呼ばれます）。この言葉は今後たくさん登場するので、覚えておいてください！

かくにんドリル

問題1　次の単語が存在詞か指定詞かを答えましょう。

① 이다 ＿＿＿＿　② 없다 ＿＿＿＿

③ 있다 ＿＿＿＿　④ 아니다 ＿＿＿＿

問題2　次の日本語の単語を、語幹と語尾の間にスラッシュ(/)を入れて分けましょう。

① 歩く　② 住む

③ 冷たい　④ 寒い

問題3　次の韓国語の単語の語幹に下線を引きましょう。

① 걷다 歩く　② 사다 買う

③ 나쁘다 悪い　④ 알다 知る

Lesson 21
文の組み立て方① (助詞)

いよいよ韓国語の文章の組み立てを見ていきましょう。韓国語は日本語と同じく「～が」や「～を」などの助詞がある言語で、英語のように語順によって意味が変わる言語ではありません。ですから、頭に浮かんだ日本語を語順そのままに韓国語に訳せば、とりあえずは通じます。例えば「私は酒を飲みます」と言う場合、単語をそのまま韓国語に置き換え、

とすれば、韓国語的に何の問題もない文章の完成です。

ちなみに韓国語で文章を書くときは、スペースを入れる「分かち書き(**띄어쓰기**)」というものをします。基本的には文節(P.103)の後ろにスペースを入れると考えればよいので、上の例文だと「私は/酒を/飲みます」が「**저는 술을 마셔요**」となります。また、文の終わりには「.」をつけます。

助詞 ⤓55

ではさっそく、韓国語の文章を組み立てるにあたって、「～は」「～を」など、基本的な３つの助詞を覚えましょう。

～は … 는/은

「～は」の意味を持つ助詞は**는**と**은**の２つです。前の名詞の最後にパッチムがないときは**는**を、パッチムがあるときは**은**を使います。

취미<u>는</u> 趣味は　　**한국<u>은</u>** 韓国は

～が … 가/이

「～が」の意味を持つ助詞は**가**と**이**の２つです。前の名詞の最後にパッチムがないときは**가**を、パッチムがあるときは**이**を使います。

취미<u>가</u> 趣味が　　**한국<u>이</u>** 韓国が

～を … 를/을

「～を」の意味を持つ助詞は**를**と**을**の２つです。前の名詞の最後にパッチムがないときは**를**を、パッチムがあるときは**을**を使います。

취미를 趣味を　　**한국을** 韓国を

以上、３つの助詞をまずは覚えておきましょう。

なお、**는**(～は)と**를**(～を)は、名詞にパッチムとして**ㄴ**、**ㄹ**をつけることで、同じ意味を表すことができます。

취미는＝취민　　**취미를＝취밀**

また、名詞の最後に**ㅇ**以外のパッチムがあるときに、連音化(P.062)が起こります。先ほどの例で見ると**한국은**［**한구근**］、**한국이**［**한구기**］、**한국을**［**한구글**］と、それぞれ連音化するので発音に注意しましょう。

かくにんドリル

問題1　次の空欄に適切な助詞を入れて、声に出して読んでみましょう。

56

① **趣味は**　**취미** ＿＿＿＿

② **電車が**　**전철** ＿＿＿＿

③ **牛乳を**　**우유** ＿＿＿＿

④ **ごはんを**　**밥** ＿＿＿＿

⑤ **唐辛子が**　**고추** ＿＿＿＿

⑥ **日本は**　**일본** ＿＿＿＿

問題2　次の言葉を短くしたものを書いて、声に出して読んでみましょう。

57

① **시계는** 時計は ＿＿＿＿

② **버스를** バスを ＿＿＿＿

③ **학교는** 学校は ＿＿＿＿

④ **구두를** 靴を ＿＿＿＿

「私」「あなた」「これ」など人や物を指す言葉を覚えて、前のレッスンで学んだ助詞「～は」「～が」「～を」と組み合わせてみましょう。

人を指す言葉

「私」や「君」など、人を指す名詞（人称代名詞と呼ばれます）についてまとめます。後ろにどの助詞が来るかで名詞の形が変わるものがあるので、そこだけ注意しましょう！

⬇58

	～は	～が	～を
저 私	저는	제가	저를
나 僕・私	나는	내가	나를
우리 私たち	우리는	우리가	우리를
너 君	너는	네가	너를

なお、**네가**（君が）の発音は、**내가**（僕が）と同じなので混乱しやすく、日常生活では**니가**（君が）と言ったり、書いたりすることが多いです。

また、**너**(君)は「おまえ」に近いニュアンスで、親しい友達同士で使います。初対面や目上の人を指す場合は、肩書や、フルネームに肩書きをつけた形で呼ぶのがよいでしょう(P.233)。

物を指す言葉

物を指す言葉(指示語)についてまとめます。まずは「この、その、あの」を覚えましょう。**책**(本)という単語と組み合わせて見てみましょう。

59

	本は	本が	本を
이 この	이 책은	이 책이	이 책을
그 その	그 책은	그 책이	그 책을
저 あの	저 책은	저 책이	저 책을

次に「これ、それ、あれ」を覚えましょう。「これ、それ、あれ」は会話でよく使われる「口語形」と呼ばれる簡易な形があり、その口語形を助詞と合わせたとき縮約することがあります。スラッシュの前が元の形、後ろが縮約した形です。

⤓60

	～は	～が	～を
이것 これ 이거 (口語形)	이것은 / 이건	이것이 / 이게	이것을 / 이걸
그것 それ 그거 (口語形)	그것은 / 그건	그것이 / 그게	그것을 / 그걸
저것 あれ 저거 (口語形)	저것은 / 저건	저것이 / 저게	저것을 / 저걸

場所を指す言葉

場所を指す言葉(指示語)についてまとめます。特に注意事項はないので、シンプルです。確認しましょう。

⤓61

	～は	～が	～を
여기 ここ	여기는	여기가	여기를
거기 そこ	거기는	거기가	거기를
저기 あそこ	저기는	저기가	저기를

かくにんドリル

問題 次の日本語を、韓国語にして書いてみましょう。縮約形がある場合は、縮約形も併せて書いてみましょう。 62

① **これは**

② **あそこが**

③ **あれを**

④ **ここは**

⑤ **それが**

⑥ **この本は** (책 本)

⑦ **あの子どもが** (아이 子ども)

⑧ **この牛乳を** (우유 牛乳)

⑨ **そのごはんを** (밥 ごはん)

⑩ **あの空が** (하늘 空)

Lesson 23

名詞を使った文章①（【名詞】です）

ここまで学習を進めてきて、「私は」「それを」「あそこが」などと言えるようになったと思います。では次は、それが「何なのか」を言えるようにしましょう。そうすれば「○○は【名詞】です」という文章が作れるようになります！

【名詞】です　⤓63

「〜です」の辞書形は、指定詞の**이다**（〜だ）です（P.106）。しかし、そのままでは「私は日本人だ」と言うくらい素っ気ないので、指定詞の**이다**を会話で使える形に活用（P.107）させましょう。

이다の語幹**이**に、とてもていねいであることを表す語尾**-ㅂ니다**をつけると、「〜です」という意味になります。ちなみに、鼻音化（P.075）するので発音は［**임니다**］です。この語尾**-ㅂ니다**は後にも出てくるので覚えておいてください！　**ㅂ니다**の前の「**-**」は、語幹につくことを表します。

이다 ＋ -ㅂ니다 ▶ 입니다 〜です

この**입니다**の前に名詞を置いて「名詞＋**입니다**」の形にすることで、「名詞＋です」という表現ができるようになります。

입니다は、名詞の最後にパッチムがあってもなくても、そのままつけるだけでOKです！　名詞と**입니다**を分かち書き(P.110)する必要もありません。

주부 主婦 ＋ **입니다** ▶ **주부입니다** 主婦です

책 本 ＋ **입니다** ▶ **책입니다** 本です

ㅇパッチム以外のパッチムがついている場合は、連音化(P.62)するので注意が必要です。**책입니다**の発音は［**채김니다**］となります。

とてもていねいな表現である**입니다**に対し、同じていねいでも格式張らずやわらかい印象の言い方があるので、併せて覚えておきましょう。むしろ日常会話ではこちらをよく使います。

名詞の最後にパッチムがないときは**예요**、あるときは**이에요**を使います。

名詞 + 예요 / 이에요 ～です

예と**에**でスペルが微妙に違うので注意！
しかし、**예요**の発音は無理に［イェヨ］とせず
［エヨ］で大丈夫です。

김치 キムチ + **예요** ▶ **김치예요** キムチです

학생 学生 + **이에요** ▶ **학생이에요** 学生です

なお、この言い方の便利なところは、語尾を上げて言うだけで疑問文になるところです！

이것은 김치예요. これはキムチです。

이것은 김치예요? これはキムチですか？

かくにんドリル

問題 次の言葉を順番通りに使って、「○○は【名詞】です」という文章を作りましょう。 64

① **여기** ここ、**서울** ソウル、**입니다**

② **이것** これ、**비빔밥** ビビンバ、 **입니다**

③ **이름** 名前、**마유미** まゆみ、**입니다**

④ **저기** あそこ、**명동** 明洞、**예요 / 이에요**

⑤ **이 건물** この建物、**백화점** 百貨店、**예요 / 이에요**

⑥ **그것** それ、**한국 소주** 韓国の焼酎、**예요 / 이에요**

Lesson 24

名詞を使った文章② (【名詞】ではありません)

前回は「○○は【名詞】です」という文章の作り方を学びました。今度は「○○は【名詞】ではありません」という否定文を作ってみましょう。

【名詞】ではありません　⤓65

「～ではありません」の辞書形は、指定詞の**아니다**(～ではない)です(P.106)。**이다**(～だ)同様、とてもていねいであることを表す語尾**-ㅂ니다**を語幹**아니**につけて、**아닙니다**とします。ちなみに、これも鼻音化(P.075)するので発音は[**아님니다**]です。

아니다 + -ㅂ니다 ▶ 아닙니다
～〈では〉ありません

〈では〉とかっこをしたのには理由があります。

日本語では「名詞＋"では"ありません」と言いますが、韓国語ではこの"では"の部分に助詞の**가**/**이**(P.111)を使います。名詞の最後にパッチムがないときは**가**、あるときは**이**を使います。

名詞 ＋ 가/이 아닙니다
～ではありません

가수 歌手 ＋ **가 아닙니다**
▶ **가수가 아닙니다** 歌手ではありません

거짓말 うそ ＋ **이 아닙니다**
▶ **거짓말이 아닙니다** うそではありません

会話では、助詞の**가**/**이**を省略して**가수 아닙니다**、**거짓말 아닙니다**のように言うこともできます。

「【名詞】です」同様に、否定文にもやわらかいていねいな表現があるので、併せて覚えましょう！

名詞 + 가 / 이 아니에요 ～ではありません

부부 夫婦 + 가 아니에요

▶ 부부가 아니에요 夫婦ではありません

화장실 トイレ + 이 아니에요

▶ 화장실이 아니에요 トイレではありません

この言い方も、語尾を上げて言えば疑問文になります！

이것은 책이 아니에요. これは本ではありません。

이것은 책이 아니에요? これは本ではありませんか？

かくにんドリル

問題 1 次の日本語の意味になるように、**가/이 아닙니다**を使って韓国語の文を作りましょう。 ⤓66

① **ここは図書館ではありません。**(**도서관** 図書館)

② **これはタクシーではありません。**(**택시** タクシー)

③ **私は公務員ではありません。**(**공무원** 公務員)

問題 2 次の日本語の意味になるように、**가/이 아니에요**を使って韓国語の文を作りましょう。 ⤓67

① **映画館はあそこではありません。**(**영화관** 映画館)

② **ヨンヒは大学生ではありません。**(**영희** ヨンヒ、**대학생** 大学生)

ていねいでも格式張らずやわらかい印象の言い方「名詞+**예요**/**이에요**(~です)」や「名詞+**가**/**이 아니에요**(~ではありません)」の疑問文は、語尾を上げて言うだけと学びました(P.120、124)。では、とてもていねいな表現「名詞+**입니다**(~です)」「名詞+**가**/**이 아닙니다**(~ではありません)」の疑問文はどうなるのか見てみましょう。

【名詞】ですか? ⤓68

「~だ」という意味の指定詞**이다**の語幹**이**に、とてもていねいな疑問を表す語尾**-ㅂ니까**をつけると、「~ですか?」という疑問の表現になります。「名詞+**입니다**(~です)」の最後を**까**にするだけなので、難しく考える必要はありません! なお、**입니까**も鼻音化(P.075)するので発音は[**임니까**]となります。

이다 + -ㅂ니까? ▶ 입니까? ~ですか?

-ㅂ니다同様、この語尾**-ㅂ니까**も後で出てくるので、覚えておいてください!

名詞の最後にパッチムがあってもなくても**입니까？**をそのままつけるだけで、「【名詞】ですか？」という文章が作れます。

막내 末っ子 ＋ **입니까？** ▶ **막내입니까？**
末っ子ですか？

선불 先払い ＋ **입니까？** ▶ **선불입니까？**
先払いですか？

【名詞】ではありませんか？ 69

「～ではない」という意味の指定詞**아니다**の語幹**아니**に、同じく語尾**-ㅂ니까**をつけると、「～〈では〉ありませんか？」という疑問の表現になります。“では”の部分には助詞**가**／**이**を使います（P.111）。こちらも「名詞＋**가**／**이 아닙니다**（～ではありません）」の最後の**다**を**까**にするだけです！

아니다 ＋ **-ㅂ니까？** ▶ **아닙니까？**
～〈では〉ありませんか？

개 犬 ＋ **가 아닙니까？**
▶ **개가 아닙니까？** 犬ではありませんか？

물 水 ＋ **이 아닙니까？**
▶ **물이 아닙니까？** 水ではありませんか？

疑問文に対する答えは「【名詞】です」「【名詞】ではありません」で返せばOKです。その際「はい」「いいえ」の返事を使うと、より自然な受け答えができます。

70

	とてもていねいな言い方	格式張らないやわらかい言い方
はい	예	네
いいえ	아니요	아뇨

칼국수입니까? カルグクスですか？

- **예, 칼국수입니다.** はい、カルグクスです。
- **아니요, 수제비입니다.** いいえ、スジェビです。

한국 사람이에요? 韓国人ですか？

- **네, 한국 사람이에요.** はい、韓国人です。
- **아뇨, 일본 사람이에요.** いいえ、日本人です。

かくにんドリル

問題　次の日本語の意味になるように、会話を完成させましょう。その際会話の相手が使っている言葉と同じていねいさで書いてみましょう。 71

① A : ＿＿＿＿＿＿＿＿＿＿ 会社員ですか？

B : 네, 회사원입니다. はい、会社員です。

② A : 저기는 편의점이에요? あそこはコンビニですか？

B : ＿＿＿＿＿＿＿＿＿＿ いいえ、本屋です。(**서점**本屋)

③ A : ＿＿＿＿＿＿＿＿＿＿ これが宝石ではないんですか？

B : 예, 보석이 아닙니다. はい、宝石ではありません。

④ A : 오늘 야근이 아니에요? 今日夜勤ではないのですか？

B : ＿＿＿＿＿＿＿＿＿＿ はい、夜勤ではありません。

Step 3

総合練習ドリル

問題1　次の日本語が、自立語なのか付属語なのか丸で囲み、品詞を答えましょう。

① おいしい　［ 自立・付属 ］　品詞［　　　　　　］

② ～を　［ 自立・付属 ］　品詞［　　　　　　］

③ 夜　［ 自立・付属 ］　品詞［　　　　　　］

④ 歩く　［ 自立・付属 ］　品詞［　　　　　　］

⑤ 本　［ 自立・付属 ］　品詞［　　　　　　］

問題2　次の韓国語の単語の品詞を選び、丸で囲みましょう。

① 아니다 ～ではない　［ 動詞・形容詞・存在詞・指定詞 ］

② 사다 買う　［ 動詞・形容詞・存在詞・指定詞 ］

③ 있다 ある・いる　［ 動詞・形容詞・存在詞・指定詞 ］

④ 춥다 寒い　［ 動詞・形容詞・存在詞・指定詞 ］

⑤ 이다 ～だ　［ 動詞・形容詞・存在詞・指定詞 ］

⑥ 없다 ない・いない　［ 動詞・形容詞・存在詞・指定詞 ］

⑦ 아름답다 美しい　［ 動詞・形容詞・存在詞・指定詞 ］

問題3 次の韓国語の単語の語幹に下線を引きましょう。

① **쉽다** 簡単だ　② **웃다** 笑う

③ **찍다** 撮る　④ **아프다** 痛い

問題4 次の言葉を順番通りに使って「～は○○です。」という文章を、**입니다**のパターンで作ってみましょう。 72

① **저** 私、**일본 사람** 日本人

② **출신** 出身、**부산** 釜山

③ **숙소** 宿、**충무로** 忠武路

問題5 次の言葉を順番通りに使って「～が○○です。」という文章を、**예요／이에요**のパターンで作ってみましょう。 73

① **이것** これ、**여권** パスポート

② **닭갈비** タッカルビ、**최고** 最高

③ **월요일** 月曜日、**휴관** 休館

問題6 次の日本語の意味になるように、(　)内の単語を使って、韓国語の文を**가/이 아닙니다**のパターンで作ってみましょう。 74

① ここは新村ではありません。(**신촌** 新村)

② これは教科書ではありません。(**교과서** 教科書)

③ 私は留学生ではありません。(**유학생** 留学生)

問題7 次の日本語の意味になるように、(　)内の単語を使って、韓国語の文を**가/이 아니에요**のパターンで作ってみましょう。 75

① コンビニはあそこではありません。(**편의점** コンビニ)

② この店は食堂ではありません。(**가게** 店、**식당** 食堂)

③ あの山は智異山ではありません。(**산** 山、**지리산** 智異山)

問題8 次の言葉を使って、日本語の意味になるように会話を完成させましょう。その際、会話の相手が使っている言葉と同じていねいさの表現を使いましょう。 76

① **양파** 玉ねぎ、**무료** 無料

A: ＿＿＿＿＿ この玉ねぎは無料ですか？

B: **예, 무료입니다.** はい、無料です。

② **추천 메뉴** おすすめメニュー、**족발** 豚足

A: ＿＿＿＿＿ おすすめメニューは豚足ですか？

B: **아뇨, 순대예요.** いいえ、スンデです。

③ **우동** うどん、**칼국수** カルグクス

A: ＿＿＿＿＿ これはうどんではないですか？

B: **네, 우동이 아니에요.** ＿＿＿＿＿

はい、うどんではありません。カルグクスです。

Step 3

Kisokan column キソカンコラム 文法

「文法」と聞くと拒否反応を示す方も少なくありませんが、いかがでしたか？忘れていた言葉もたくさん出てきたと思います。これを機に覚えてくだされば大丈夫なので、慌てないでくださいね。

ちなみに僕が文法について考えるのが好きになったのは、高校２年生の頃でした。当時古文が大の苦手だった僕ですが、ある日授業で出てきた和歌にものすごく感動し、一気にその魅力に取りつかれました(ちなみに『増鏡』の「おどろの下」という章段です)。そして学習を進め、そのおかげで「なるほど！」と思えたことが多々あります。

例えば、『仰げば尊し』に「今こそわかれめ」という歌詞が出てきます。僕はこの「わかれめ」とは「分かれ目」のことだと思っていました。しかし古典文法を学び、「『め』は、意志の助動詞『む』が上の『こそ』の影響を受けて係り結びを起こし、已然形になっているものだ」ということに気づきました。「今こそわかれめ」とは「さあお別れしよう」という意味だったのです。

話がだいぶマニアックな方向に行ってしまいましたが、「文法を学ぶことで見えてくる新しい世界もある」ということはわかっていただきたいです。文法を学ぶことで、「そういうことだったのか…」と信じて疑わなかった自分の中の常識がほどけていく快感は、なにごとにも代えがたいものがあります。

文法を知ることで得られる快感は、韓国語を学ぶ上でもたくさんあります。今後、初、中、上級と学習を進めていく中で、疑問に思う点がいくつも出てくるはずです。そんなときに「国文法の概念」という武器があれば「あ、この用言が動詞だからこうなるのか」とか「形容詞だからこうしちゃいけないんだ」とか、そういったことをパッと理解できます。そのときの快感を、みなさんにもぜひ味わっていただきたいと思います。

Step 4

ハムニダ体とヘヨ体

このステップを学ぶ前に知っておきたいこと

ハムニダ体とヘヨ体って何？

さて、ここまで名詞を使った簡単な文章の組み立てを、「とてもていねいな言い方」と「格式張らないやわらかい言い方」という２通り学んできました。

ここからのステップでは「とてもていねいな言い方」を「ハムニダ体（**합니다**体）」、「格式張らないやわらかい言い方」を「ヘヨ体（**해요**体）」と呼び、動詞・形容詞などの用言（P.104）を「行く→行きます」「美しい→美しいです」のようにていねいに、ハムニダ体やヘヨ体で表現する方法について学んでいきます！

語幹と語尾

用言のハムニダ体やヘヨ体を作る上で欠かせないのが、韓国語の「語幹」の知識です。「語幹」とは、用言の辞書形から最後の**다**を取った形のことです（P.107～108）。

この語幹の最後の文字（語幹末という）が特に重要で、語幹末の母音が何なのか、語幹末にパッチムがあるのかないのか、そしてパッチムがある場合は何パッチムなのかなど、さまざまな条件を考慮しながら、ハムニダ体やヘヨ体を作ることになります。

※下線部が語幹末

가다 行く　　語幹末の母音はㅏ、パッチムがない

먹다 食べる　　語幹末の母音はㅓ、ㄱパッチム

어렵다 難しい　　語幹末の母音はㅕ、ㅂパッチム

用言のハムニダ体やヘヨ体を作る際、「語尾」をつけます。「語尾」とは語幹の後ろについて、いろいろな意味を表すものです(P.108)。

用言の語幹に語尾をつけるとき、語幹末の条件によってつける語尾の形が変わるなど、これまでのステップより複雑な事項がたくさん出てきます。しかし、一つひとつのレッスンを地道にこなしていけば理解できるように説明していきます。

だから、焦って先に進むのではなく、それぞれのレッスンを確実に自分のものにできるよう、じっくりと読み進めてください。

ここからの内容はみなさんが入門のレベルを終え初級、中級、上級と進んでいっても必要な知識です。後で困ることのないよう、今の段階で確実にモノにしておきましょう！

Lesson 26

用言のハムニダ体

改めて韓国語における用言とは、動詞、形容詞の他に、存在詞、指定詞のことを指します(P.104、107)。この中で、名詞と共に使われる指定詞**이다**、**아니다**のハムニダ体とヘヨ体については、前のステップの後半でしっかり学びました。ここではそれ以外の用言をハムニダ体にする方法を学んでいきましょう。

【用言】ます・です　77

まずは、「行く→行きます」「美しい→美しいです」のように「【用言】ます・です」と言う方法を見ていきましょう。用言をハムニダ体にするには、用言の語幹に下記の語尾をつけます。(語尾の前の「-」は、語幹につくことを表します。)

語幹 ＋ - ㅂ니다/습니다

用言の語幹末にパッチムがなければ**- ㅂ니다**を、あれば**-습니다**をつけます。「語幹＋**- ㅂ니다**」は、「【名詞】です」の**입니다**で一度出てきましたが(P.118)、それと同じ要領で作ればOKです！

語幹末にパッチムなし

오다 来る ＋ **-ㅂ니다** ▶ **옵니다** 来ます

語幹末にパッチムあり

덥다 暑い ＋ **-습니다** ▶ **덥습니다** 暑いです

【用言】ますか・ですか？ 78

「行く→行きますか？」「美しい→美しいですか？」のようにハムニダ体の疑問文を作るには用言の語幹末にパッチムがなければ**-ㅂ니까**を、あれば**-습니까**をつけます。

語幹 ＋ -ㅂ니까 / 습니까？

先ほどの「用言の語幹＋**-ㅂ니다**/**습니다**」の最後を**까**にするだけなので、難しく考える必要はありません！

語幹末にパッチムなし

사다 買う ＋ **-ㅂ니까?** ▶ **삽니까?** 買いますか？

語幹末にパッチムあり

춥다 寒い ＋ **-습니까?** ▶ **춥습니까?** 寒いですか？

「【用言】ます・です」も「【用言】ますか・ですか？」も、語幹末のパッチムの有無にさえ気をつければ比較的簡単に作れると思います。ただし、1つだけ注意が必要です。それは、語幹末のパッチムが**ㄹ**の場合、**ㄹ**パッチムを取り除いてから**-ㅂ니다**をつけるというルールがあるのです！

語幹末が**ㄹ**パッチム

살다 生きる ＋ **-ㅂ니다** ▶ **삽니다** 生きます

놀다 遊ぶ ＋ **-ㅂ니까?** ▶ **놉니까?** 遊びますか？

このような語幹末に**ㄹ**パッチムがある用言を「**ㄹ語幹用言**(P.164)」と呼びます。

かくにんドリル

問題 次の用言の辞書形を、ハムニダ体とハムニダ体の疑問形にしてみましょう ⬇79

	ハムニダ体	ハムニダ体の疑問形
① 보다 見る		
② 마시다 飲む		
③ 만나다 会う		
④ 오다 来る		
⑤ 열다 開ける		
⑥ 좋다 良い		
⑦ 괜찮다 大丈夫だ		
⑧ 입다 着る		
⑨ 자다 寝る		
⑩ 알다 知る		

ここからは、用言をヘヨ体にする方法について学んでいきます。用言をヘヨ体にするのはハムニダ体と違って、やや複雑です。しかし韓国語を学ぶ上で避けて通れない項目なので、焦らず、しっかりマスターしてください！

【用言】ます・です

ヘヨ体で「【用言】ます、です」と言うときは、用言の語幹に、**-아요**か**-어요**という語尾をつけます。どちらをつけるかは、語幹末の母音が何であるかに注目する必要があります。語幹末の母音が**ㅏ**、**ㅑ**、**ㅗ**の場合は**-아요**が、それ以外の場合は**-어요**がつきます。

語幹 ＋ -아요 / 어요

このレッスンではまず、語幹末の母音が**ㅏ**、**ㅑ**、**ㅗ**で**-아요**がつくパターンを、語幹末にパッチムがある場合とない場合に分けて説明します。

用言の語幹末の母音がㅏ、ㅑ、ㅗ＋-아요

語幹末にパッチムがある場合 ⤓80

語幹に**-아요**をつけるだけです。ただし、発音するとき連音化(P.062)が起こるので注意しましょう。

작다 小さい ＋ **-아요** ▶ **작아요** 小さいです

얇다 薄い ＋ **-아요** ▶ **얇아요** 薄いです

돌다 回る ＋ **-아요** ▶ **돌아요** 回ります

なお、語幹末の母音がㅑの単語は**얇다**(薄い), **얕다**(浅い)など、ほんの数語あるだけです。

語幹末にパッチムがない場合 ⤓81

ただ**-아요**をつけるだけでなく、次の現象が起こることがあります。

① 語幹末の母音がㅏ

語幹末の母音ㅏと、**-아요**の母音ㅏが重なることで、**-아요**のㅏが脱落します。その結果、語幹に**요**がついただけのように見えます。

가다 行く ＋ **-아요** ▶ **가요** 行きます

타다 乗る ＋ **-아요** ▶ **타요** 乗ります

ただし「する」という意味の"**하다**"は語幹末の母音がㅏですが、特別な活用をするので、後ほどご説明します(P.154)！

② 語幹末の母音がㅗ

語幹末の母音のㅗと、**-아요**の母音ㅏが合体し、複合母音字ㅘになります。

오다 来る ＋ **-아요** ▶ **와요** 来ます

보다 見る ＋ **-아요** ▶ **봐요** 見ます

なお、これら**語幹末の母音がㅏ、ㅑ、ㅗの語幹を「陽母音語幹」**（ようぼいんごかん）と呼びます。ちなみに後に「陰母音」（いんぼいん）も出てきますが、なぜ「陽」「陰」という区別をするのかというと、ハングルは陰陽五行説を基に構成されたものだからです。

かくにんドリル

問題　次の用言の辞書形を、ヘヨ体にしてみましょう。　⬇82

① **타다** 乗る ＿＿＿＿＿＿ 乗ります

② **받다** 受ける ＿＿＿＿＿＿ 受けます

③ **싸다** 安い ＿＿＿＿＿＿ 安いです

④ **좁다** 狭い ＿＿＿＿＿＿ 狭いです

⑤ **사다** 買う ＿＿＿＿＿＿ 買います

⑥ **찾다** 探す ＿＿＿＿＿＿ 探します

⑦ **얕다** 浅い ＿＿＿＿＿＿ 浅いです

⑧ **짜다** しょっぱい ＿＿＿＿＿＿ しょっぱいです

⑨ **알다** わかる ＿＿＿＿＿＿ わかります

⑩ **쏘다** 射る ＿＿＿＿＿＿ 射ます

Lesson 28 用言のヘヨ体②

前のレッスンに引き続き、用言をヘヨ体にする方法を学びましょう。このレッスンでは、語幹末の母音がㅏ、ㅑ、ㅗ以外(**陰母音語幹**)で、**-어요**がつくパターンを、語幹末にパッチムがある場合とない場合に分けて説明します。

用言の語幹末の母音がㅏ、ㅑ、ㅗ以外＋-어요

語幹末にパッチムがある場合 83

語幹に**-어요**をつけるだけです。ただし、発音するとき連音化(P.062)が起こるので注意しましょう。

먹다 食べる ＋ **-어요** ▶ **먹어요** 食べます

웃다 笑う ＋ **-어요** ▶ **웃어요** 笑います

찍다 撮る ＋ **-어요** ▶ **찍어요** 撮ります

語幹末にパッチムがない場合 84

陽母音語幹(語幹末の母音がㅏ、ㅑ、ㅗ)のときと同様、ただ**-어요**をつけるだけでなく、次の現象が起こることがあります。

① 語幹末の母音がㅓ

語幹末の母音ㅓと、**-어요**の母音ㅓが重なることで、**-어요**のㅓが脱落します。その結果、語幹に**요**がついただけのように見えます。

서다 立つ ＋ **-어요** ▶ **서요** 立ちます

② 語幹末の母音がㅜ

語幹末の母音ㅜと、**-어요**の母音ㅓが合体し、複合母音字ㅝになります。

주다 与える・やる ＋ **-어요** ▶ **줘요** 与えます・やります

③ 語幹末の母音がㅣ

語幹末の母音ㅣと、**-어요**の母音ㅓが合体し、ㅕになります。

마시다 飲む ＋ **-어요** ▶ **마셔요** 飲みます

④ **語幹末の母音がㅐ、ㅔ**

語幹末の母音ㅐ、ㅔと、**-어요**の母音ㅓが重なることで**-어요**のㅓが脱落します。その結果、語幹に**요**をつけただけのように見えます。

보내다 送る ＋ **-어요** ▶ **보내요** 送ります

세다 数える ＋ **-어요** ▶ **세요** 数えます

⑤ **語幹末の母音がㅚ**

語幹末の母音ㅚと、**-어요**の母音ㅓが合体し、複合母音ㅙになります。

되다 なる ＋ **-어요** ▶ **돼요** なります

ただし、パッチムがないからといって、必ず母音が脱落したり合体したりするわけではありません。上記①～⑤以外の語幹にはそのまま**-어요**をつけるだけのものもあります。

쉬다 休む ＋ **-어요** ▶ **쉬어요** 休みます

なお、前のレッスンでも触れましたが、これら**語幹末の母音がㅏ、ㅑ、ㅗ以外のものを「陰母音語幹(いんぼいんごかん)」**と呼びます。

かくにんドリル

問題 次の用言の辞書形を、へヨ体にしてみましょう。 85

① **넣다** 入れる ________ 入れます

② **기다리다** 待つ ________ 待ちます

③ **싫다** 嫌だ ________ 嫌です

④ **넓다** 広い ________ 広いです

⑤ **나누다** 分ける ________ 分けます

⑥ **길다** 長い ________ 長いです

⑦ **붙다** つく ________ つきます

⑧ **지내다** 過ごす ________ 過ごします

⑨ **사귀다** 付き合う ________ 付き合います

⑩ **안되다** うまくいかない ________ うまくいきません

ここまで、用言のヘヨ体の作り方を学びました。母音ごとに分けて紹介しましたが、その規則でまとめた表が以下の通りです。

	語幹末にパッチムあり	語幹末にパッチムなし
語幹末の母音が ㅏ、ㅑ、ㅗ （陽母音語幹）	語幹＋ - 아요	語幹＋ - 아요 ※脱落、合体あり
語幹末の母音が ㅏ、ㅑ、ㅗ以外 （陰母音語幹）	語幹＋ - 어요	語幹＋ - 어요 ※脱落、合体あり

要するに、陽母音には陽母音の**아**から始まる**-아요**が、陰母音には陰母音の**어**から始まる**-어요**がつくということです！

なお、語幹末にパッチムがない場合は、語幹末の母音が何かによって、一定のルールがありますが、それをまとめると次のようになります。

脱落系

① 語幹末の母音がㅏ、ㅓ

ㅏやㅓが2つ連続することによって、**-아요**/**어요**の母音ㅏ/ㅓが脱落します。

가다 行く ＋ **-아요** ▶ **가요** 行きます

서다 立つ ＋ **-어요** ▶ **서요** 立ちます

② 語幹末の母音がㅐ、ㅔ

ㅐ、ㅔと、**-어요**の母音ㅓが重なることで、ㅓが脱落します。

보내다 送る ＋ **-어요** ▶ **보내요** 送ります

세다 数える ＋ **-어요** ▶ **세요** 数えます

「語幹に**요**をつけただけのように見えるやつ」
と覚えておいてもいいでしょう！

合体系

①語幹末の母音がㅗ、ㅜ

ㅗとㅏ、ㅜとㅓがそれぞれ合体しㅘ、ㅝになります。

오다 来る　+ **-아요** ▶ **와요** 来ます

주다 与える・やる + **-어요** ▶ **줘요** 与えます・やります

② 語幹末の母音がㅣ

ㅣと**-어요**の母音ㅓが合体しㅕになります。

가리다 隠す + **-어요** ▶ **가려요** 隠します

③ 語幹末の母音がㅚ

ㅚと、**-어요**の母音ㅓが合体しㅙになります。

되다 なる + **-어요** ▶ **돼요** なります

このように、一定のルールの下活用される用言のことを「規則活用(正則活用とも呼びます)」と言います。その反対に変則的に活用する用言もあるので、それを次のレッスンから見ていきましょう。

かくにんドリル

問題 次の日本語の意味になるように、ヘヨ体を使って韓国語の文を作ってみましょう。 86

① **私は韓国語を習います。**（**한국어** 韓国語、**배우다** 習う）

② **旅行はおもしろいです。**（**여행** 旅行、**재미있다** おもしろい）

③ **イチゴがすっぱいです。**（**딸기** イチゴ、**시다** すっぱい）

④ **本を売ります。**（**책** 本、**팔다** 売る）

⑤ **皿を割ります。**（**접시** 皿、**깨다** 割る）

用言をヘヨ体にする際、これまでに学んだ「規則活用」する用言ではなく、「変則活用（不規則活用とも呼びます）」する用言があります。その名の通り、変則的に活用するので、例外的な用言をその都度覚えなくてはならず大変ですが、韓国語を続けていく上で避けては通れない項目です。

変則活用する用言の名称と、それらの用言をヘヨ体にする方法を、焦らずじっくり理解していってくださいね！

ハダ用言　87

「語幹末の母音がㅏの場合（P.144）」で少し触れた**하다**（する）がつく用言のことです。この**하다**のヘヨ体は**해요**です。「愛しています」という意味で「サランヘヨ」という言葉を聞いたことはありませんか？　「サラン」が「愛」という意味、そして「ヘヨ」が「します」という意味の**해요**ですので、すぐイメージできるのではないかと思います。

하다 する ▶ **해요** します、しています

사랑하다 愛する ▶ **사랑해요** 愛しています

ちなみに、これは**하다**の語幹**하**に**-아요**ではなく、例外的に**-여요**がついた形なのですが、無条件に**하다 → 해요**で覚えてしまいましょう。

ㅂ(ピウッ)変則用言 ⤓88

これは、語幹末にㅂパッチムがある用言のことです。**춥다**(寒い)や**덥다**(暑い)など基本的な形容詞に多く、使う頻度も高いので、しっかり理解しておきましょう！

ヘヨ体にする方法

① 語幹末のㅂパッチムを取り、**우**をつける。
② そこに**-어요**をつける。その際、ᅮとᅥが合体しᅯとなる。

춥다 寒い ＋ **우** ＋ **-어요** ▶ **추워요** 寒いです

덥다 暑い ＋ **우** ＋ **-어요** ▶ **더워요** 暑いです

ただし**돕다**(手伝う)、**곱다**(美しい)の２語だけは例外的に**-아요**がついて、**도와요**、**고와요**となるので、そのまま覚えてしまいましょう。

また、語幹末がㅂパッチムなのにㅂ変則用言には属さず、規則活用するものがあります。例えば**잡다**(つかむ)や**입다**(着る)などは規則活用するので、**잡아요**、**입어요**となります。これは辞書で調べたり、学習を進めたりしながら把握するしかありません。現段階では「規則活用するものもある」ということだけ覚えておいてください！

ㄷ(ティグッ)変則用言 ⬇89

これは、語幹末にㄷパッチムがある用言のことです。

ヘヨ体にする方法

① 語幹末のㄷパッチムをㄹに変える。
② 陽母音語幹なら**-아요**を、陰母音語幹なら**-어요**をつける。

깨닫다 悟る ▶ **깨달 + -아요** ▶ **깨달아요** 悟ります

걷다 歩く ▶ **걸 + -어요** ▶ **걸어요** 歩きます

ただしㅂ変則用言同様、語幹末がㄷパッチムなのにㄷ変則用言には属さず規則活用するものがたくさんあります。例えば、**닫다**(閉める)、**믿다**(信じる)、**받다**(受ける)などは**닫아요**、**믿어요**、**받아요**となります。慌てて覚える必要はなく、単語に出合うたびに変則活用するのか規則活用するのかを覚えていけばOKです！

かくにんドリル

問題 1　次のハダ用言をへヨ体にしてみましょう。　⬇90

① **공부하다** 勉強する ＿＿＿＿＿＿＿＿ 勉強します

② **미안하다** すまない ＿＿＿＿＿＿＿＿ すみません

③ **예약하다** 予約する ＿＿＿＿＿＿＿＿ 予約します

問題 2　次のㅂ変則用言をへヨ体にしてみましょう。　⬇91

① **귀엽다** かわいい ＿＿＿＿＿＿＿＿ かわいいです

② **맵다** からい ＿＿＿＿＿＿＿＿ からいです

③ **차갑다** 冷たい ＿＿＿＿＿＿＿＿ 冷たいです

問題 3　次のㄷ変則用言をへヨ体にしてみましょう。　⬇92

① **묻다** 尋ねる ＿＿＿＿＿＿＿＿ 尋ねます

② **싣다** (荷物を)載せる ＿＿＿＿＿＿＿＿ (荷物を)載せます

③ **듣다** 聞く ＿＿＿＿＿＿＿＿ 聞きます

前回のレッスンに引き続き、変則活用する用言を見ていきましょう。

으語幹用言 93

これは、語幹末の母音が**ー**で、パッチムがない用言のことです。**나쁘다**(悪い)や**크다**(大きい)など、こちらもよく使う基本単語に多い活用なので、きちんとマスターしましょう！

ヘヨ体にする方法

① 語幹末の母音**ー**を取る。
② 語幹末1つ前の文字の母音に注目する。その母音が陽母音なら**-아요**を、陰母音もしくは語幹が一文字だけなら**-어요**をつける。

아프다 痛い + **-아요** ▶ **아파요** 痛いです

예쁘다 きれいだ + **-어요** ▶ **예뻐요** きれいです

쓰다 書く + **-어요** ▶ **써요** 書きます

しかし、語幹末が**르**である用言の中には「**르**変則用言」と呼ばれる用言が一部あり、**으**語幹用言とはまた別の変則活用をします。

르(ル)変則用言 94

これは、語幹末が**르**の用言の中の一部があてはまります。**르**変則用言の数は多くないので登場頻度は少ないですが、**빠르다**(速い)や**모르다**(わからない)など、こちらも基本的な単語があるので、覚えておきましょう。

ヘヨ体にする方法

① 語幹末の**르**を取る。
② 語幹末1つ前の文字の母音に注目する。その母音が陽母音なら**ㄹ라요**を、陰母音なら**ㄹ러요**をつける。

빠르다 速い + **ㄹ라요** ▶ **빨라요** 速いです
모르다 わからない + **ㄹ라요** ▶ **몰라요** わかりません
흐르다 流れる + **ㄹ러요** ▶ **흘러요** 流れます
부르다 呼ぶ + **ㄹ러요** ▶ **불러요** 呼びます

ㅅ(シオッ)変則用言　95

　これは、語幹末にㅅパッチムがある用言のことです。ㅂ変則用言やㄷ変則用言同様に、語幹末がㅅパッチムなのにㅅ変則用言には属さず規則活用する単語も多いので、ㅅ変則活用が適用される単語に出合ったら、その都度覚えればよいでしょう。

ヘヨ体にする方法

① 語幹末のㅅパッチムを取る。
② 陽母音語幹なら**-아요**を、陰母音語幹なら**-어요**をつける。

낫다 治る ＋ -아요 ▶ 나아요 治ります
짓다 建てる ＋ -어요 ▶ 지어요 建てます

　なお、ㅅ変則用言は規則活用のときのように母音が脱落したり合体したりすること(P.151〜152)はありません！　つまり**나아요**(治ります)、**지어요**(建てます)が、**나요**、**져요**にはならないということです。

かくにんドリル

問題1　次の으語幹用言をへヨ体にしてみましょう。 96

① **모으다** 集める ＿＿＿＿＿＿ 集めます

② **크다** 大きい ＿＿＿＿＿＿ 大きいです

③ **슬프다** 悲しい ＿＿＿＿＿＿ 悲しいです

問題2　次の르変則用言をへヨ体にしてみましょう。 97

① **지르다** (声を)上げる ＿＿＿＿＿＿ (声を)上げます

② **다르다** 違う ＿＿＿＿＿＿ 違います

③ **고르다** 選ぶ ＿＿＿＿＿＿ 選びます

問題3　次のㅅ変則用言をへヨ体にしてみましょう。 98

① **잇다** 結ぶ ＿＿＿＿＿＿ 結びます

② **붓다** 注ぐ ＿＿＿＿＿＿ 注ぎます

いよいよ変則活用に関しては今回で最後です。もう一息、がんばりましょう！　このレッスンの最後にはこれまでに学んだ変則活用する用言についてまとめてあります。

러変則用言　⬇99

こちらは語幹末が**르**である用言のうち、**이르다**（至る）、**푸르다**（青い）、**노르다**（黄色い）、**누르다**（濁った黄色だ）の４語のみがあてはまります。**르**変則用言と間違えないように４つを丸ごと覚えてしまうのも１つの手です。

ヘヨ体にする方法

語幹に、無条件に**-러요**をつける。

이르다 至る ＋ **러요** ▶ **이르러요** 至ります

푸르다 青い ＋ **러요** ▶ **푸르러요** 青いです

ㅎ(ヒウッ)変則用言 100

語幹末にㅎパッチムがある形容詞(**좋다**を除く)すべてがこの用言にあてはまります。**이렇다**(こうだ)や**그렇다**(そうだ)のような指示語、**빨갛다**(赤い)や**하얗다**(白い)などの色を表す形容詞でよく使われます。

ヘヨ体にする方法

① 語幹末の母音とㅎパッチムを取る。
② ㅐ요をつける。

이렇다 こうだ + ㅐ요 ▶ 이래요 こうです
그렇다 そうだ + ㅐ요 ▶ 그래요 そうです
빨갛다 赤い + ㅐ요 ▶ 빨개요 赤いです

ただし、**하얗다**(白い)だけはㅒ요をつけるので**하얘요**となります。

하얗다 白い + ㅒ요 ▶ 하얘요 白いです

ㅎ変則用言は、ㅎパッチムで終わる形容詞だけが該当するので、動詞**놓다**(置く)、**넣다**(入れる)などは、ㅎパッチムで終わるけれど規則活用する用言です。

ここまで見てきた変則活用する用言を、改めてまとめました。

		ヘヨ体
ハダ用言 (P.154)	**하다**がつく用言すべて。	**하다 → 해요**
ㅂ変則用言 (P.155)	語幹末に**ㅂ**パッチムがある用言。	語幹末の**ㅂ**パッチムを取って**우**にし、**-어요**をつける。その際**워요**となる。
ㄷ変則用言 (P.156)	語幹末に**ㄷ**パッチムがある用言。	語幹末の**ㄷ**パッチムを**ㄹ**に変え、陽母音語幹なら**-아요**を、陰母音語幹なら**-어요**をつける。
으語幹用言 (P.158)	語幹末の母音が**ー**で、パッチムがない用言。	語幹末の母音**ー**を取って、語幹末の１つ前の文字の母音が陽母音なら**-아요**を、陰母音もしくは語幹が一文字だけなら**-어요**をつける。
르変則用言 (P.159)	語幹末が**르**の用言。	語幹末の**르**を取って、語幹末１つ前の文字の母音が陽母音なら**ㄹ라요**を、陰母音なら**ㄹ러요**をつける。
ㅅ変則用言 (P.160)	語幹末に**ㅅ**パッチムがある用言。	語幹末の**ㅅ**パッチムを取って、陽母音語幹なら**-아요**を、陰母音語幹なら**-어요**をつける。
러変則用言 (P.162)	**이르다**、**푸르다**、**노르다**、**누르다**の４語。	語幹に、無条件に**러요**をつける。
ㅎ変則用言 (P.163)	語幹末が**ㅎ**パッチムである形容詞（**좋다**を除く）。	語幹末の**ㅎ**パッチムと母音を取って**ㅐ요**をつける。 ※**하얗다**（白い）だけは**ㅒ요**
ㄹ語幹用言 (P.140)	語幹末に**ㄹ**パッチムがある用言。	ヘヨ体にする際は規則活用するが、ハムニダ体のときは、**ㄹ**パッチムを取り除いてから語尾**-ㅂ니다**をつける。

※「～語幹用言、ハダ用言」は、その語幹をもつ用言が全てルールに則して活用しますが、「～変則用言」は、その語幹をもつ用言の一部がルールに則して活用します。

なお、これらの変則活用はヘヨ体を作るときだけでなく、後に登場する**아**/**어**で始まる語尾がつくとき、そして**으**から始まる語尾がつくときにも起こります(P.218)。それはまたそのときに改めてご説明します。

かくにんドリル

問題 1　次の **ㅎ** 変則用言、**러**変則用言をヘヨ体にしてみましょう。

101

① **까맣다** 真っ黒い ＿＿＿＿＿＿＿＿ 真っ黒いです

② **빨갛다** 赤い ＿＿＿＿＿＿＿＿ 赤いです

③ **파랗다** 青い ＿＿＿＿＿＿＿＿ 青いです

④ **노르다** 黄色い ＿＿＿＿＿＿＿＿ 黄色いです

問題 2　次のように活用する用言は何用言か答えましょう。

例) **결혼하다** - **결혼해요** ハダ用言

① **밉다** 憎い - **미워요** ＿＿＿＿＿＿＿＿

② **쓰다** 書く - **써요** ＿＿＿＿＿＿＿＿

③ **듣다** 聞く - **들어요** ＿＿＿＿＿＿＿＿

④ **부르다** 呼ぶ - **불러요** ＿＿＿＿＿＿＿＿

⑤ **어떻다** どうだ - **어때요** ＿＿＿＿＿＿＿＿

⑥ **짓다** 建てる - **지어요** ＿＿＿＿＿＿＿＿

⑦ **이르다** 至る - **이르러요** ＿＿＿＿＿＿＿＿

さて、ここまで見てきたヘヨ体ですが、実は言い方のニュアンスを変えるだけで「【用言】ます・です」だけでなく、疑問文や命令文など、さまざまな表現ができる大変便利な形なのです。

가다（行く）のヘヨ体、**가요**（行きます）を例にすると、

⬇102

A：**서울 가요?** ソウル、行くんですか？（**疑問文**）

B：**네, 가요.** はい、行きます。

A：**학교 가요.** 学校、行ってください。（**命令文**）

B：**아뇨, 싫어요.** いいえ、嫌です。

A：**내일 가요.** 明日、行きましょう。（**勧誘文**）

B：**네, 좋아요.** はい、いいですね。

このように、ヘヨ体だけでさまざまな表現が可能です。

また、ヘヨ体から最後の**요**を取るだけで、ぞんざいな言葉遣い(いわゆるタメ口)を作ることができます。ちなみにタメ口のことを韓国語で「パンマル(**반말**)」と言います。

左ページの対話文を、すべてパンマルにしてみましょう。

103

A : **서울 가?** ソウル、行くの?

B : **응, 가.** うん、行くよ。

A : **학교 가.** 学校、行きな。

B : **아니, 싫어.** いや、嫌だ。

A : **내일 가.** 明日、行こう。

B : **응, 좋아.** うん、いいね。

パンマルで使う「うん」は**응**、「いや」は**아니**と言います。

へヨ体の作り方がわかれば、同時にパンマルもクリアできてしまうのです！　このパンマル、へヨ体の**요**を取るだけと言いましたが、厳密には「用言の語幹にパンマルの語尾**아/어**がついた形」です。頭の片隅に入れておいてください！

用言の語幹 ＋ -아/어

なお、韓国は日本以上に、上下関係や年齢によってどんな言葉遣いをするのかに敏感です。パンマルは本当に親しい間柄でしか使えないので、間違っても初対面の人や目上の人に使わないように十分気をつけてください。

映画やドラマなどを見ると、ハムニダ体やへヨ体に加え、パンマルがたくさん出てきます。どのような間柄だとどの言葉遣いを選ぶのか、に注目すると感覚がつかめると思います。ぜひいろいろな作品を見てみてください！

かくにんドリル

問題 次の会話文を、( )内の韓国語をヒントに、パンマルを用いて韓国語にしてみましょう。 ⬇104

① A：**これどう？**(**어떻다** どうだ、ㅎ変則用言)

B：**うん、いいね！**(**좋다** いい)

② A：**明洞は遠い？**(**명동** 明洞、**멀다** 遠い)

B：**いや、近いよ。**(**가깝다** 近い、ㅂ変則用言)

③ A：**パスポートある？**(**여권** パスポート、**있다** ある)

B：**いや、ない。**(**없다** ない)

④ A：**これ食べな。**(**먹다** 食べる)

B：**うん、ありがとう。**(**고맙다** ありがたい、ㅂ変則用言)

Step 4
総合練習ドリル

問題 1 次の用言を、それぞれハムニダ体とハムニダ体の疑問形にしましょう。 ⬇105

	ハムニダ体	ハムニダ体の疑問形
① 만나다 会う		
② 넘다 越える		
③ 달다 甘い		
④ 감사하다 感謝する		
⑤ 알다 知る		

問題 2 次の用言をヘヨ体にしましょう。 ⬇106

① 떠나다 去る ______

② 짧다 短い ______

③ 잊다 忘れる ______

④ 사귀다 付き合う ______

⑤ 외우다 覚える ______

問題3 次の用言のへヨ体を、(　)内をヒントに辞書形にしましょう。

107

① **믿어요**(規則活用) 信じます ______

② **걸어요**(ㄷ変則) 歩きます ______

③ **그래요**(ㅎ変則) そうです ______

④ **골라요**(르変則) 選びます ______

⑤ **나아요**(ㅅ変則) 治ります ______

⑥ **고파요**(으語幹) (おなかが)すいています ______

⑦ **이르러요**(러変則) 至ります ______

⑧ **가벼워요**(ㅂ変則) 軽いです ______

⑨ **쉬어요**(規則活用) 休みます ______

⑩ **공부해요**(ハダ用言) 勉強します ______

問題4 次の日本語の意味になるように、(　)内の単語を使って、パンマル(タメ口)の会話を完成させましょう。 ⬇108

① A：危ない！　気をつけて。(**위험하다** 危ない、**조심하다** 気をつける)

____

B：ありがとう、大丈夫。(**고맙다** ありがたい、**괜찮다** 大丈夫)

____

② A：これ、おいしい？(**맛있다** おいしい)

____

B：うーん、私は好きだよ。(**글쎄** うーん、**좋아하다** 好きだ)

____

③ A：済州島は暑い？(**제주도** 済州島、**덥다** 暑い)

____

B：うん、汗が出るよ。(**땀** 汗、**나다** 出る)

____

④ A：薬飲みな！(**약** 薬、**먹다** 〈薬を〉飲む)

____

B：嫌だ。苦い！(**싫다** 嫌だ、**쓰다** 苦い)

____

⑤ A：この映画知ってる？(**영화** 映画、**알다** 知っている)

____

B：知らない。おもしろい？(**모르다** 知らない、**재미있다** おもしろい)

____

A：うん、おもしろいよ！

____

Kisokan column
キソカンコラム

目標達成のために

みなさまは韓国語を使って、どんなことがしたいですか？ 僕が勉強を始めたときは、「韓国人とばか話がしたい」でした。僕と同じような方もいらっしゃれば、TOPIKやハングル検定で上を目指したい、あるいは韓国で仕事がしたい、という方もいらっしゃるかもしれません。人それぞれの目標があり、その目標ごとに勉強法が異なります。そこで僕からの最後のアドバイスとして、僕の思う、それぞれの目標達成のための勉強法を少しご紹介しておきます。

①ばか話タイプ

ご自身の興味の向くままに語彙や表現を増やしていってください。「これ言ったらきっとおもしろいだろうな」という基準でどんな語彙や表現を覚えるか決めると、手っ取り早く韓国人と打ち解けることができます。ただし若者言葉や悪口は痛々しい印象を与えかねないのでやめておきましょう。

②検定タイプ

とにかく過去問を解いてください。出題形式が決まっているので、「慣れ」は武器になります。発音変化など細かい知識を問う問題や慣用的な表現も出題されるので、きめ細かい学習が不可欠です。また、読解問題は国語力も必要ですので、韓国語さえできればいいというものではありません。本文をしっかり読み、間違い選択肢に惑わされない練習をしておいてください。

③仕事タイプ

専門的な語彙が必要になるので、今のご自身の仕事、あるいはご自身が目指している業界でよく使われる言葉は覚えておきましょう。また取引先や上司と話すことがあるので、敬語についてはきちんと習得しておいた方がいいでしょう。

Step 5

表現の幅を広げる

このステップを学ぶ前に知っておきたいこと

いよいよ最後のステップとなりました。この本を読み始めた当初はハングルがまったく読めなかったという方もたくさんいらっしゃることでしょう。そう考えると、今ハングルを読みながら勉強しているなんて、大進歩だと思いませんか？　どんなささいなことでも構わないので、「なんかできるようになってきたかも！」という気持ちを大切にしてください。

さて、この最後のステップは、ここまでの知識を生かしてさらに表現の幅を広げるためのステップです。いわば入門から初級への橋渡しとなる大切な内容です。このステップをマスターし、もっと楽しい韓国語の世界へと羽ばたいていきましょう！

ところでみなさんは、韓国語を使ってどんなことをしたいですか？好きなアーティストが話している内容を聞き取りたいとか、ドラマを字幕なしで見たいという「受け取りタイプ」の方もいるでしょう。一方、自力で不自由なく韓国旅行するために話せるようになりたいとか、韓国人の友達と韓国語でしゃべりたいという「発信タイプ」の方もいるでしょう。

学習の目的に良しあしなんてないので、どれもすてきな動機だと思います。しかし「受け取りタイプ」も「発信タイプ」も、「私は学生です」のように客観的なことを述べる言い方しか知らなければまったくお話になりません。なぜなら、人間には感情があるからです。「〜したい」とか「なんだこれは！？」というように心が動き、それを主観的に表現するのが人間です。

ということで、ここからは、みなさんの中にある思いや心情を表現する方法を学びます。相手の中にあることを尋ねられるように練習します。自分が今感じていることを表現できると考えるとワクワクしませんか？相手が考えていることを聞き出せたらすてきだと思いませんか？

もちろん入門書の１つのステップにすぎないので、ここで何もかもをマスターすることは不可能です。しかし先ほども述べた通り、このステップは入門から初級への橋渡しとなる大切な部分です。ぜひ将来みなさんが韓国語を使ってご自身の目的を達成している姿を楽しくイメージしながら、お読みください。

Lesson 34

いろいろな助詞

ステップ3で、**는/은**(～は)、**가/이**(～が)、**를/을**(～を)という基本的な助詞をご紹介しましたが(P.111～112)、さらに入門レベルで覚えておきたい助詞を取り上げます。

助詞(パッチムなし/あり)		例文 109
도	～も	**맥주도 좋아요.** ビールも好きです。 **한국도 추워요.** 韓国も寒いです。
의[에]	～の	**나의 친구** 私の友達
와/과	～と	**김치와 삼겹살** キムチとサムギョプサル **삼겹살과 김치** サムギョプサルとキムチ
로/으로	～で(手段、方法) ～へ(方向)	**버스로 다녀요.** バスで通います。 **오른쪽으로 이동해요.** 右側へ移動します。 **연필로 써요.** 鉛筆で書きます。 ※名詞の最後がㄹパッチムの場合は、**으로**ではなく**로**を使います。
에	～に(場所、時間)	**한국에 가요.** 韓国に行きます。 **5시에 만나요.** 5時に会いましょう。
에서	～で、～から(場所)	**명동에서 사요.** 明洞で買います。 **김포공항에서 가요.** 金浦空港から行きます。
부터	～から(時間)	**5시부터 시작해요.** 5時から始めます。
까지	～まで(場所、時間) ～までに(時間)	**서울까지 멀어요.** ソウルまで遠いです。 **밤 9시까지 일해요.** 夜9時まで仕事します。 **5시까지 와요.** 5時までに来てください。

는/**은**、**가**/**이**、**를**/**을**も含め、これらの助詞を使う上での注意点を見ていきましょう。

① 日本語とは違って、「(人)に会います」「(乗り物)に乗ります」の「～に」、「(人・物)が好きです」の「～が」は、すべて**를**/**을**(～を)を使います。

친구를 만나요. 友達に会います。

기차를 타요. 汽車に乗ります。

술을 좋아해요. お酒が好きです。

② 日本語では「～で」「～から」と同じ助詞を使う場合でも、韓国語では異なる助詞になるものがあります。

집에서 家で(場所)

일본어로 日本語で(手段、方法)

역에서 駅から(場所)

오전부터 午前から(時間)

③ 助詞の「～の」として使われる**의**は[**에**]と発音されます(P.020)。日本語では、「私の本」「韓国の友達」のように助詞の「～の」を省略することはあまりありませんが、韓国語ではしばしば省略されます。

한국 친구 韓国の友達　**집 안** 家の中

ただし、人称代名詞(P.114)、**저**(私)、**나**(僕・私)、**너**(君)につく**의**は省略されることはなく、人称代名詞と**의**を縮約した形がよく使われます。

저의 私の → **제**　　**나의** 僕・私の → **내**

너의 君の → **네** ※この場合の**네**も、**니**と書いたり読んだりします。(P.114)

④ **와** / **과**の口語表現

와 / **과**は文語的表現なので、会話ではあまり使われません。会話では**하고**、さらにくだけた言い方では**랑** / **이랑**(パッチムなし/あり)を主に使います。

밥하고 김치 ごはんとキムチ

김치랑 밥 キムチとごはん　　**밥이랑 김치** ごはんとキムチ

かくにんドリル

問題1　次の空欄を埋めましょう。

助詞（パッチムなし／あり）	日本語の意味
도	①
의［에］	②
와 / 과	③
④	～で（手段、方法）、～へ（方向）
⑤	～に（場所、時間）
⑥	～で、～から（場所）
⑦	～から（時間）
⑧	～まで（場所、時間）、～までに（時間）

問題2　次の表の空欄を埋めましょう。　110

① 저는 삼계탕 ＿＿＿＿ 좋아해요. 私はサムゲタンが好きです。

② 학교 ＿＿＿＿ 숙제를 해요. 学校で宿題をやります。

③ 아침 ＿＿＿＿ 밤 ＿＿＿＿ 놀아요. 朝から晩まで遊びます。

Lesson 35 疑問詞

疑問詞は相手に質問をするときに使う品詞です。疑問詞を使いこなせれば相手の返答にもバリエーションが生まれ、ぐっと会話が楽しくなってきます。そんな楽しさを味わうためにも、疑問詞はぜひ覚えておいてください！

疑問詞		例文 111
어느	どの、どこの	**어느 색이 좋아요?** どの色が良いですか？ **어느 나라 사람이에요?** どこの国の人ですか？
무엇(뭐)	なに	**이게 무엇입니까?** これは何ですか？ **이름이 뭐예요?** 名前は何ですか？
어디	どこ	**여기가 어디입니까?** ここはどこですか？ **화장실이 어디예요?** トイレはどこですか？
언제	いつ	**언제 만납니까?** いつ会いますか？ **언제 가요?** いつ行きますか？
누구	誰、誰の	**저 사람이 누구예요?** あの人は誰ですか？
얼마	いくら	**이게 얼마예요?** これはいくらですか？
왜	なぜ	**왜 한국어를 공부해요?** なぜ韓国語を勉強するのですか？
어떻게	どうやって	**어떻게 만들어요?** どうやって作るのですか？
몇	何(なん)～	**몇 명이에요?** 何人ですか？ **몇 시예요?** 何時ですか？

ここに紹介した疑問詞の中で**어느**と**몇**以外は、「**어디？**（どこ？）」「**언제？**（いつ？）」のように単独で使うことができます。

では疑問詞を使う上で注意すべき点を見ていきましょう。

① 日本語では疑問詞を用いる場合、「これは何ですか？」「これはいくらですか？」「ここはどこですか？」のように、助詞に「～は」が用いられますが、韓国語の場合**가**/**이**（～が）が使われます。

이름이 뭐예요？ 名前は何ですか？

학교가 어디예요？ 学校はどこですか？

저 옷이 얼마예요？ あの服はいくらですか？

また、会話の場合、日本語と同じく**이름 뭐예요？**（名前、何ですか？）のように助詞を省略しても構いません。

ただし、**누구**（誰）が主語になる場合、“**누구가**”ではなく、“**누가**”という形を使います。この”**가**”は省略できません。

오늘 회식에 누가 와요？ 今日の会食に誰が来ますか？

② **무엇**(何)は、会話では縮めて**뭐**と言うことがほとんどです。**뭐**に**입니까**(〜ですか？)がつくと、さらに縮約された**뭡니까**という形になります。

이게 뭡니까？ これは何ですか？

제목이 뭐예요？ 題名は何ですか？

뭐가 좋아요？ 何がいいですか？

뭐を単独で用いると「何よ」「何だよ」というタメロの表現になります。

③ **몇**を使うときは、後ろの単位(助数詞という)と分かち書きします。

몇 학년 何年生　　**몇 병** 何本

また、日にちを表す「〜日」は「**일**」を使うので「何日」は「**몇 일**」となりそうですが、これだけは「**며칠**」という特別な書き方をするので気をつけてください。数や助数詞に関しては、次のレッスンで詳しく見ていきましょう！

かくにんドリル

問題1 次の表の空欄を埋めましょう。

①	どの、どこの
무엇(뭐)	②
어디	③
④	いつ
⑤	誰、誰の
얼마	⑥
⑦	なぜ、どうして
어떻게	⑧
⑨	いくつの

問題2 次の文の[ ]内に入るものとして、適切なものを丸で囲みましょう。

① **韓国語で疑問詞を使う場合、その前に来る助詞は[가/이 、는/은]である。**

② **몇を使う場合、後ろに来る助数詞はスペースを[空けて 、空けないで]書く。**

数字は語学学習において切っても切れない要素です。さっそく韓国語で数字をどのように表すのか、確認していきましょう！

韓国語には、日本語の「1、2、3…」にあたる漢数詞、そして日本語の「1つ、2つ、3つ…」にあたる固有数詞があります。このレッスンでは漢数詞について見ていきましょう。

漢数詞　112

漢数詞の組み合わせで、さまざまな数を表現することができます。なお、「零」が2つありますが、電話番号など、数字の羅列を言うときに**공**を使い、その他は**영**を使います。

영/공 零　**일** 1　**이** 2　**삼** 3　**사** 4
오 5　**육** 6　**칠** 7　**팔** 8　**구** 9　**십** 10
백 百　**천** 千　**만** 万　**억** 億　**조** 兆

십삼 13　**구십구** 99　**백십팔** 118

삼억 칠천만 3億7000万

만 오천 1万5000　※「1万」は韓国語で、ただ「**만**」と表現します。

공일공 일이삼사 일이삼사 010(1234)1234

일 대 영 1対0

漢数詞につく助数詞（単位） 113

韓国語には漢数詞につく助数詞と、次のレッスンで学ぶ固有数詞につく助数詞があります。ここでは漢数詞につく助数詞の一例を見ていきましょう。ちなみに、漢数詞と助数詞の間は分かち書きします。

년 年	**월** 月	**일** 日	**분** 分	**초** 秒
번 番	**층** 階	**호실** 号室	**급** 級	**원** ウォン

삼 분 삼십 초 3分30秒

오 층 오공일 호실 5階501号室

육천 원 6000ウォン

ただし、月を表す場合は分かち書き(P.110)せず１単語として扱います。また、数字をアラビア数字で書く場合、分かち書きをしなくていいというルールがあります。また、「６月」と「10月」だけは、**월**(月)が付くことによって漢数詞の形が変わるので、要注意です！

이천이십 년 사월 십일 일 2020年４月11日

2020년 4월 11일 2020年４月11日

유월 6月(×**육월**)　　**시월** 10月(×**십월**)

漢数詞육(６)の発音　114

漢数詞で注意が必要なのが、数字の**육**(６)です。なぜなら**육**は、その前後の音によって発音変化を引き起こすからです。

육십 60 ▶ [**육씹**] 濃音化

육 회 6回 ▶ [**유쾨**] 激音化

이십육 26 ▶ [**이심뉵**] ㄴ挿入した後に鼻音化

오오칠육 5576 ▶ [**오오칠륙**] ㄴ挿入した後に流音化

漢数詞は日常生活で本当によく使うものですが、一朝一夕でマスターできるものではないので、慌てずゆっくり覚えていってください。目についた数字を片っ端から漢数詞で言う練習も効果的です！

かくにんドリル

問題 1　次の数字を、漢数詞を用いてハングルで書いてみましょう。

115

① 35

② 871

③ 2,946

④ 13,825

⑤ 926,812

問題 2　次の日本語を、助数詞も含めてハングルで書いてみましょう。

116

① 6級　　② 8番

③ 14階3号室

④ 2018年6月16日

⑤ 5分31秒

⑥ 26分47秒

⑦ 3000ウォン

⑧ 1万4000ウォン

Lesson 37 数詞②（固有数詞）

このレッスンでは、日本語で言う「1つ、2つ、3つ…」にあたる、固有数詞を見ていきましょう。

固有数詞 117

現在主に使われる日本語の固有数詞は「1つ、2つ、3つ…10(とお)」までですが、韓国語は一の位を表す固有数詞に加え、10、20、30…と、90まで、十の位を表す固有数詞を使うのが特徴です。これらを組み合わせて「18」なら**열여덟**、「45」なら**마흔다섯**のように表現します。

なお、固有数詞には「0」はなく、100以上の数を表す場合は漢数詞を使います。

하나(한) 1つ　**둘**(두) 2つ　**셋**(세) 3つ　**넷**(네) 4つ
다섯 5つ　**여섯** 6つ　**일곱** 7つ　**여덟** 8つ
아홉 9つ　**열** 10

스물(스무) 20　**서른** 30　**마흔** 40　**쉰** 50
예순 60　**일흔** 70　**여든** 80　**아흔** 90

1つ～4つ、そして20だけ(　)内にもう一つ形がありますが、これは助数詞がついたときに使われる形です！　下で詳しく見ていきましょう。

固有数詞につく助数詞　118

固有数詞を使う助数詞には主に次のものがあります。上にも書いたように、1つ～4つ、そして20だけは、その助数詞がついたときに(　)内の形になります。ちなみに固有数詞のときも、助数詞との間は分かち書きします。

개 個　**살** 歳　**시** 時　**잔** 杯　**명** 名
번 度、回　**마리** 匹　**정거장** 駅　**병** 本(瓶など)　**권** 冊

한 개 1個
스무 살 20歳　※21以降は**스물**のまま。**스물한 살**(21歳)
네 시 4時 ※「分、秒」は漢数詞を使う。
다섯 명 5人
맥주 세 병 ビール3本

疑問詞を使った会話 119

数を尋ねる疑問詞を使った質問に、これまでに覚えた数詞を使って答えると次のような会話をすることができます。

A：몇 명이에요？ 何人ですか？

B：세 명이에요. 3人です。

A：몇 정거장입니까？ 何駅ですか？

B：두 정거장입니다. 2駅です。

A：언제 출발해요？ いつ出発しますか？

B：세 시 삼십 분에 출발해요. 3時30分に出発します。

A：이 가방 얼마예요？ このかばん、いくらですか？

B：만 구천 원이에요. 1万9000ウォンです。

ぐっと会話の幅が広がりますよね。練習問題などを活用しつつ、ぜひいろいろなパターンを考えて練習してみてください。

かくにんドリル

問題 1　次の数字を、固有数詞を用いてハングルで書いてみましょう。

120

① 3 ＿＿＿＿　② 19 ＿＿＿＿

③ 28 ＿＿＿＿　④ 36 ＿＿＿＿

⑤ 42 ＿＿＿＿　⑥ 57 ＿＿＿＿

⑦ 61 ＿＿＿＿　⑧ 74 ＿＿＿＿

⑨ 89 ＿＿＿＿　⑩ 95 ＿＿＿＿

問題 2　次の日本語を、助数詞も含めてハングルで書いてみましょう。

121

① 5個 ＿＿＿＿　② 3度 ＿＿＿＿

③ 4時 ＿＿＿＿　④ 2杯 ＿＿＿＿

⑤ 1匹 ＿＿＿＿　⑥ 12時 ＿＿＿＿

⑦ 20本 ＿＿＿＿　⑧ 6駅 ＿＿＿＿

⑨ 13冊 ＿＿＿＿　⑩ 22歳 ＿＿＿＿

Lesson 38 副詞

日本語の文法では、副詞は（主に）用言を修飾する言葉で、「とても寒い」や「どんどん進む」の「とても」や「どんどん」がそれにあたります。しかし韓国語の副詞にはそれに加えて、文と文を接続する役割を持つものがあります。日本語の文法でいう「接続詞」です。ですから、

行きたかった。しかし行けなかった。

（逆接の役割を持つ接続詞）

の「しかし」も韓国語の文法では「副詞」として扱います。「副詞」という言葉を必ずしも覚えなくても構わないですが、それがどういう役割を持つ言葉なのかは念頭に置いておくと、後々役に立ちますよ！

そして、副詞のレパートリーを増やすと、自分の気持ちや伝えたいことを正確に伝えられるようになります。

文を詳しく説明する副詞

副詞		例文 122
같이 함께	一緒に	**같이 저녁 먹어요.** 一緒に晩ごはん食べましょう。 **함께 여행을 가요.** 一緒に旅行に行きましょう。 ※**함께**、**같이**はほぼ同じニュアンスです。
정말	本当に	**이 김치 정말 맛있어요.** このキムチ本当においしいです。
아주	とても	**그 옷이 아주 예뻐요.** その服がとてもかわいいです。
진짜	マジ(本当に、とても)	**이 스킨 진짜 좋아!** この化粧水マジでいい！ ※会話でよく使われる表現です。 **진짜**？（マジ？）と単独でも使えます。
너무	あまりにも、ひどく、とても	**김치찌개가 너무 짜요.** キムチチゲがひどくしょっぱいです。 **이 김치찌개 너무 맛있어요.** このキムチチゲとてもおいしいです。 ※肯定的な「とても」の意味でも使われます。
다	全部	**이것 다 해요?** これ全部やるのですか？
많이	たくさん	**밥을 많이 먹어요.** ごはんをたくさん食べます。
먼저	先に、まず	**저는 먼저 갑니다.** 私は先に行きます。
빨리	早く	**빨리 와!** 早く来て！
가장	一番	**이 가수 가장 인기가 있어요.** この歌手、一番人気があります。

これらの副詞は単独で「**빨리!**(早く！)」や、副詞をつなげて「**너무 많이**(とてもたくさん)」のようにも使うことができます。副詞を知っていると非常に重宝するので、ぜひ覚えておいてください！

接続の役割を持つ副詞 ⬇123

그리고 そして

… 前の文と後ろの文を、単純につなげるときに使います。

한국을 좋아해요. 그리고 한국 요리도 좋아해요.

韓国が好きです。そして、韓国料理も好きです。

하지만 しかし

… 前の文の内容からは期待されない内容が後ろに来るときに使います。

영어는 몰라요. 하지만 한국어는 알아요.

英語はわかりません。しかし、韓国語はわかります。

그래서 だから

… 前の文が原因で後ろの文の結果になったことを示すときに使います。

술을 아주 좋아해요. 그래서 매일 술을 마셔요.

お酒が大好きです。だから、毎日お酒を飲みます。

게다가 しかも

… 前の文に別の要素をつけ加えるときに使います。

오늘은 너무 추워요. 게다가 눈도 와요.

今日はとても寒いです。しかも、雪も降ります。

かくにんドリル

問題 次の空欄に入る言葉を、日本語訳をヒントに語群から選びましょう。 124

① ______ 가요！ 早く行きましょう！

② 이건 ______ 비싸요. これはあまりにも高いです。

③ 이 감자탕은 뜨거워요. ______ 매워요.
このカムジャタンは熱いです。しかも辛いです。

④ 한국어가 ______ 재미있어요.
韓国語が一番楽しいです。

⑤ ______ 마셔요！ 一緒に飲みましょう！

⑥ 이거 ______ 먹어요. これ全部食べてください。

⑦ 내일 한국에서 친구가 옵니다.
______ 기쁩니다.
明日韓国から友達が来ます。だからうれしいです。

語群

같이 정말 너무 다 많이 먼저 빨리 가장
그리고 하지만 그래서 게다가 아주

Lesson 39
否定形

「行きません」「熱くないです」のように、動詞や形容詞を否定する表現を学びましょう。韓国語にはこのように否定形を作る表現が２通りあります。１つは**안**という否定の意味を表す単語を使うもので、きっぱりと否定の意思表示をする際に使います。もう１つは**-지 않다**という語尾を使うものです。こちらは**안**よりもややわらかいニュアンスです。それぞれ見ていきましょう。

否定を表す안　125

ステップ４で学んだ用言のハムニダ体・ヘヨ体の前に**안**をつけるだけで否定の表現になります。

안 + 用言のハムニダ体・ヘヨ体

안 + 갑니다 ▶ 안 갑니다 行きません

안 + 먹어요 ▶ 안 먹어요 食べません

ただし、**운동하다**(運動する)、**공부하다**(勉強する)のように**하다**を用いる動詞(ハダ用言P.154)の場合は、**안**を前につけずに、名詞と**하다**の間に挟みます。

운동 + 안 + 합니다 ▶ 운동 안 합니다
運動しません

공부 + 안 + 해요 ▶ 공부 안 해요
勉強しません

「**안**は、直後の言葉を否定する」と覚えておくといいですよ！　例えば**공부하다**の場合、「勉強」を否定するのではなく「する」という意味の**하다**を否定したいので、**하다**の直前に**안**を置きます。

否定を表す-지 않다　126

まず前提として、「～ない、～くない」という否定を表す素っ気ない語尾が**-지 않다**だということを理解しておいてください。

語幹 + -지 않다 ～ない、～くない

この語尾をハムニダ体(P.138)やヘヨ体(P.142)にすると下記のようになります(**않다**の語幹末にパッチムがあり、陽母音)。

-지 않다 + -습니다 ▶ -지 않습니다
～ないです、くないです

-지 않다 + -아요 ▶ -지 않아요
～ないです、くないです

語幹末にパッチムがあってもなくても、この語尾を用言の語幹につければ、否定の表現を作ることができます。

덥다 暑い **+ -지 않습니다 ▶ 덥지 않습니다**
暑くありません

사다 買う **+ -지 않아요 ▶ 사지 않아요**
買いません

ヘヨ体は語尾を上げるだけで疑問文になりますし(P.166)、ハムニダ体も**ㅂ니까/습니까**(～ですか、ますか？)を使えば疑問文になります(P.139)。

점심 안 먹어요？ お昼ごはん食べないのですか？

이것 사지 않습니까？ これ買わないのですか？

かくにんドリル

問題　(　)内の指示に従って、次の単語で**안**と**-지 않다**を使った否定形を作ってみましょう。 127

	否定を表す안	否定を表す-지 않다
① **차다** 冷たい (ヘヨ体)		
② **찾다** 探す (ハムニダ体)		
③ **나오다** 出る (ヘヨ体)		
④ **찍다** 撮る (ハムニダ体)		
⑤ **울다** 泣く (ハムニダ体)		
⑥ **길다** 長い (ヘヨ体)		
⑦ **나쁘다** 悪い (ヘヨ体)		
⑧ **넣다** 入れる (ハムニダ体)		
⑨ **크다** 大きい (ヘヨ体)		
⑩ **이륙하다** 離陸する (ヘヨ体)		

このレッスンでは過去を表す語尾を学びましょう。まず過去形の基本となる、「〜だった」という過去を素っ気なく表す語尾が**-았다/었다**だということを理解しておいてください。語尾をつけようとしている用言が陽母音語幹の場合は**-았다**が、陰母音語幹の場合は**-었다**がつきます。「陽母音語幹の場合は**-아요**が、陰母音語幹の場合は**-어요**がつく」という、ヘヨ体の作り方（P.150）と同じ考え方です！

語幹 ＋ -았다/었다 〜だった

【名詞】でした ⬇128

「【名詞】だ」は「名詞＋**이다**」でした（P.118）。これを「【名詞】だった」と過去形にする場合、指定詞**이다**の語幹**이**が陰母音なので**-었다**をつけます。

이다 ＋ -었다 ▶ 이었다 〜だった

ただし１つ注意しなくてはいけないのが、名詞最後の文字にパッチムがない場合です。この場合**이었다**ではなく、**였다**をつけます。つまり、パッチムなしの名詞には**였다**が、パッチムありの名詞には**이었다**がつくということです。

혼자 一人 + **였다** ▶ **혼자였다** 一人だった

애인 恋人 + **이었다** ▶ **애인이었다** 恋人だった

なお、**였다**/**이었다**は「〜だった」という素っ気ない表現です。ここからは、これまで学んできたことを応用して、「〜でした」とハムニダ体・ヘヨ体の過去形にしてみましょう。

① 過去形のハムニダ体

였다/**이었다**の語幹**였**/**이었**に、ハムニダ体の語尾**-습니다**をつけます。

혼자였다 + **-습니다**
▶ **혼자였습니다** 一人でした

애인이었다 + **-습니다**
▶ **애인이었습니다** 恋人でした

② 過去形のヘヨ体

過去形をヘヨ体にする場合、ヘヨ体の語尾-**어요**をつけます。

혼자였다 + **-어요** ▶ **혼자였어요**
一人でした

애인이었다 + **-어요** ▶ **애인이었어요**
恋人でした

【名詞】ではありませんでした ⬇129

名詞を否定するには指定詞の**아니다**(〜ではない)を使います(P.122)。これを過去形にするには**아니다**の語幹**아니**に、**-었다**をつけます。ちなみにこの際、助詞の**가**/**이**を入れて、「名詞+**가**/**이 아니다**」とするのは覚えていますか？　忘れていた方は確認しておいてください！

혼자가 아니다 + -었다

▶ **혼자가 아니었다** 一人ではなかった

애인이 아니다 + -었다

▶ **애인이 아니었다** 恋人ではなかった

上の例を「【名詞】でした」と同様に過去形のハムニダ体・ヘヨ体にすると次のようになります。ちなみに疑問文にする場合は**-습니까?**をつけます(P.139)。

혼자가 아니었다 + -습니다

▶ **혼자가 아니었습니다** 一人ではありませんでした

애인이 아니었다 + -어요

▶ **애인이 아니었어요** 恋人ではありませんでした

かくにんドリル

問題 次の名詞を、それぞれの指示に従って「～でした」「～ではありませんでした」の形にしてみましょう。 130

① **나무** 木 (「～でした」・ハムニダ体)

② **버스** バス (「～ではありませんでした」・ハムニダ体)

③ **요리** 料理 (「～でした」・ヘヨ体)

④ **영화** 映画 (「～ではありませんでした」・ヘヨ体)

⑤ **혼잣말** 独り言 (「～でした」・ハムニダ体)

⑥ **농담** 冗談 (「～ではありませんでした」・ハムニダ体)

⑦ **지하철** 地下鉄 (「～でした」・ヘヨ体)

Lesson 41 過去形（用言）

このレッスンでは、「行きました」「きれいでした」のように、用言を過去形にする方法を学びましょう。

【用言】ました・でした　131

過去形を作る場合、用言の語幹に**-았다**/**었다**を付けるということは学びました(P.202)。陽母音語幹の場合は**-았다**を、陰母音語幹の場合は**-었다**をつけます。

가다 行く ＋ **-았다** ▶ **갔다** 行った
멀다 遠い ＋ **-었다** ▶ **멀었다** 遠かった

その形をハムニダ体やヘヨ体にするのですが、考え方は前回のレッスン同様ですのでご安心ください！

① 過去形のハムニダ体

語幹に**-습니다**をつけます。

갔다 ＋ **-습니다** ▶ **갔습니다** 行きました
멀었다 ＋ **-습니다** ▶ **멀었습니다** 遠かったです

② 過去形のヘヨ体

語幹に**-어요**をつけます(陽母音語幹でも**-어요**がつきます)。

갔다 + -어요 ▶ 갔어요 行きました

멀었다 + -어요 ▶ 멀었어요 遠かったです

なお、用言を過去形にするときに避けて通れないのが変則活用のルールです。変則活用は実はヘヨ体の語尾**-아요**/**어요**がつくときだけでなく、**-아**/**어**で始まる語尾がつくときに必ず起こるのです。変則活用する用言に関しては、該当するレッスンに戻って、復習しておきましょう。

운동하다 運動する ▶ **운동했다** 運動した〈ハダ用言〉

덥다 暑い ▶ **더웠다** 暑かった〈ㅂ変則用言〉

듣다 聞く ▶ **들었다** 聞いた〈ㄷ変則用言〉

기쁘다 うれしい ▶ **기뻤다** うれしかった〈으語幹用言〉

모르다 わからない ▶ **몰랐다** わからなかった〈르変則用言〉

낫다 治る ▶ **나았다** 治った〈ㅅ変則用言〉

푸르다 青い ▶ **푸르렀다** 青かった〈러変則用言〉

빨갛다 赤い ▶ **빨갰다** 赤かった〈ㅎ変則用言〉

【用言】ませんでした・くありませんでした ⬇132

用言を否定する表現は２通りありました。それぞれの過去形の作り方を紹介します。

① 否定を表す안

「**안**＋用言のハムニダ体・ヘヨ体」で否定の表現になる(P.198)のは覚えていますか？　この場合は、後ろの用言を過去形にし、ハムニダ体やヘヨ体に展開するだけで完成です！

안 가다 ▶ **안 갔습니다** 行きませんでした

안 멀다 ▶ **안 멀었어요** 遠くありませんでした

② 否定を表す지 않다

これは**-지 않다**を過去形にします。**않**は陽母音語幹なので**-았다**をつけ、**-지 않았다**にします。それをハムニダ体・ヘヨ体に活用させます。

가지 않았다 行かなかった ＋ **-습니다**

▶ **가지 않았습니다** 行きませんでした

멀지 않았다 遠くなかった ＋ **-어요**

▶ **멀지 않았어요** 遠くありませんでした

かくにんドリル

問題　次の用言を、それぞれの指示やヒントに従って過去形にしてみましょう。　⬇133

① **사다** 買う（ヘヨ体）

② **끝나다** 終わる（-지 않다を使った否定、ヘヨ体）

③ **가깝다** 近い（ヘヨ体、ㅂ変則用言）

④ **일어나다** 起きる（안を使った否定、ハムニダ体）

⑤ **멀다** 遠い（ハムニダ体）

⑥ **아프다** 痛い（안を使った否定、ヘヨ体、으語幹用言）

⑦ **괜찮다** 大丈夫だ（-지 않다を使った否定、ハムニダ体）

Lesson 42

願望・希望を表す

ここでは、自分の願望や希望を表す表現を学びましょう。日本語と同じく、韓国語でも話者の心情は文末に表れます。ですから、自分の気持ちを伝えるためには文末表現（文の終わりに使われる表現）の知識は欠かせません。このレッスンをスタートとして、どんどんいろいろな表現を覚えてください。それでは見ていきましょう！

【動詞】たいです　134

「遊びたい」「行きたい」というように自身の願望を表す文末表現です。これは動詞の語幹に**-고 싶다**（～たい）をつけます。語幹にパッチムがあってもなくても、陽母音語幹でも陰母音語幹でも、**-고 싶다**をつけるだけです。

語幹 ＋ -고 싶다 ～たい

가다 行く ＋ **-고 싶다** ▶ **가고 싶다** 行きたい
먹다 食べる ＋ **-고 싶다** ▶ **먹고 싶다** 食べたい

싶다の語幹**싶**に注目すると、語幹末にパッチムがあり、なおかつ陰母音語幹なので、ハムニダ体は**-고 싶습니다**、ヘヨ体は**-고 싶어요**になります。

가고 싶다
▶ **가고 싶습니다, 가고 싶어요** 行きたいです

먹고 싶다
▶ **먹고 싶습니다, 먹고 싶어요** 食べたいです

【動詞】てください 135

「来てください」「遊んでください」というように自身の希望を伝える、依頼する文末表現です。この表現は、語幹に**-아/어 주세요**(～てください)をつけます。「語幹+**-아/어**」はパンマル(P.167)の形なので、「パンマル+**주세요**」と覚えておいてもいいでしょう。なお**아/어**と**주세요**の間は分かち書きします。

語幹 + -아/어 주세요

주세요はもともと**주다**(くれる)という単語に尊敬を込めて依頼することを表す語尾をつけた形です。入門のレベルでは、この**주세요**の形で丸ごと覚えてしまいましょう。

오다 来る ＋ **-아 주세요**

▶ **와 주세요** 来てください

믿다 信じる ＋ **-어 주세요**

▶ **믿어 주세요** 信じてください

なお、**-아 / 어**から始まるので、変則活用が起こる用言があることを念頭に置いておいてください(P.207)。

この**주세요**は名詞と合わせて使うこともできるので、旅行などで使える便利な言葉として、非常に重宝しますよ！

맥주 한 잔 주세요 ビール1杯ください

저 옷 주세요 あの服ください

이것 하나 주세요 これ１つください

かくにんドリル

問題 1　次の日本語に合うように、それぞれの指示に従い韓国語を作ってみましょう。 136

① **学びたいです。（배우다** 学ぶ、**ヘヨ体）**

② **なりたいです。（되다** なる、**ハムニダ体）**

③ **着たいです。（입다** 着る、**ヘヨ体）**

④ **忘れたいです。（잊다** 忘れる、**ハムニダ体）**

問題 2　次の日本語に合うように、韓国語を作ってみましょ 137

① **買ってください。(사다** 買う **)**

② **助けてください。(살리다** 助ける **)**

これまで入門レベルで必要ないくつかの語尾や文末表現を学びました。それらの接続をパターン化すると、次の通りになります。今後、語尾・表現が登場したら、どの型なのかを併せて覚えていくと学習の効率が上がるので、意味やスペルだけでなく、「何型か」をぜひ意識してみてください！

直接型

用言の語幹に直接語尾をつけるパターンです。代表的なものにハムニダ体の語尾があります。

ハムニダ体の語尾「～です、ます」

語幹 + -ㅂ니다/습니다 ▶ 갑니다, 먹습니다

否定「～ではありません、しません」

語幹 + -지 않다 ▶ 가지 않습니다, 먹지 않아요

願望「～したいです」

語幹 + -고 싶다 ▶ 가고 싶습니다, 먹고 싶어요

아 / 어型

用言が陽母音語幹なら**-아**、陰母音語幹なら**-어**から始まる語尾がつくパターンです。代表的なものにはヘヨ体の語尾があります。このパターンの語尾は、特定の用言につけた場合、変則活用が起きます。

ヘヨ体の語尾「～です、ます」

語幹 + -아요 / 어요 ▶ 가요, 먹어요

過去形の語尾「～だった、した」

語幹 + -았다 / 었다 ▶ 갔다, 먹었다

依頼「～してください」

語幹 + -아 / 어 주세요
▶ 가 주세요, 믿어 주세요

으型

これは、ここまでに本書に登場していない語尾のパターンです。「으型」の語尾は、語幹末にパッチムがある用言につけた場合、語幹と語尾の間に으が入ります。「語幹＋-면(～なら)」という語尾を例に説明しましょう。

仮定「～なら」

語幹 ＋ -면

가다 行く ＋ **-면** ▶ **가면** 行ったら
먹다 食べる ＋ **-으면** ▶ **먹으면** 食べたら

このように語幹末にパッチムがある場合、으が入ります。語幹末にパッチムがないときは**-면**を、パッチムがあるときは**-으면**をつける、と覚えてもいいでしょう。

さて、この「으型」の語尾、特定の用言「ㄹ語幹用言」「ㅂ変則用言」「ㄷ変則用言」「ㅅ変則用言」「ㅎ変則用言」で変則活用が起きるので要注意です！　次のレッスンで１つずつ見ていきましょう。

かくにんドリル

問題　次の文の空欄に、適切な言葉やハングルを入れましょう。

①「直接型」は、＿＿＿＿に直接語尾をつけるパターン。

語幹末の＿＿＿＿の有無でつける語尾の形が異なるもの、

＿＿＿＿の有無にかかわらず同じ形をつけるものがある。

②「아／어型」は、用言の語幹末の母音が＿＿＿＿なら아、

＿＿＿＿なら어から始まる語尾をつけるパターン。

このパターンは、特定の用言につけた場合＿＿＿＿が起きる。

③「으型」は、用言の語幹末に＿＿＿＿がある場合、

語幹と語尾の間に＿＿＿＿が入る語尾のパターン。

138

前回のレッスンの最後で、「으型」の語尾をつけるとき、特定の用言で変則活用が起きると説明しました。どの用言でどのような変則活用が起こるのか、前回のレッスン同様、「語幹＋-면（～なら）」という語尾を例に１つずつ見ていきましょう。

① ㄹ語幹用言

「으型」の語尾をつける場合、語幹末のㄹパッチムを、取りはしないけれど実質ないものとして扱います。ですから、パッチムがあるにもかかわらず、-으면ではなく-면がつきます。

살다 生きる ＋ -면 ▶ 살면 生きたら
놀다 遊ぶ ＋ -면 ▶ 놀면 遊んだら

② ㅂ変則用言

ㅂ変則用言のヘヨ体の作り方に、「①語幹末の **ㅂ** パッチムを取り、**우**をつける」という手順があったことを覚えているでしょうか(P.155)？ 「**으**型」の語尾をつける場合も、同じ手順です。**우**にはパッチムがないので、そのまま **-면**をつけます。

덥다 暑い ＋ **우** ＋ **-면** ▶ **더우면** 暑いなら
춥다 寒い ＋ **우** ＋ **-면** ▶ **추우면** 寒いなら

③ ㄷ変則用言

ㄷ変則用言のヘヨ体の作り方に「①語幹末の **ㄷ** パッチムを **ㄹ** に変える」という手順があったことを覚えているでしょうか(P.156)？ 「**으**型」の語尾をつける場合も、語幹末の **ㄷ** パッチムが、**ㄹ** パッチムに変わります。ただし先ほど「**ㄹ** パッチムはないものとして扱う」と出てきましたが、それは **ㄹ** 語幹用言の場合のみです。**ㄷ** 変則用言にも結果的に **ㄹ** パッチムが出てきますが、これは活用の過程で出てくるものなので、普通のパッチムと同じ扱いとなり、**-으면**を使います。

듣다 聞く ▶ **들+ -으면** ▶ **들으면** 聞いたら
걷다 歩く ▶ **걸+ -으면** ▶ **걸으면** 歩いたら

④ ㅅ変則用言

ㅅ変則用言のヘヨ体の作り方に「①語幹末のㅅパッチムを取る」という手順があったことを覚えているでしょうか(P.160)？ 「으型」の語尾をつける場合も、語幹末のㅅパッチムを取ります。しかし辞書形ではパッチムがあったので、その名残か、パッチムがなくなったにもかかわらず-으면を使います。

낫다 治る ＋ -으면 ▶ 나으면 治ったら
잇다 結ぶ ＋ -으면 ▶ 이으면 結んだら

⑤ ㅎ変則用言

「으型」の語尾をつける場合、語幹末のㅎパッチムを取ります。パッチムがなくなったので、ㅎを取った語幹に-면をつければOKです！

빨갛다 赤い ＋ -면 ▶ 빨가면 赤いなら
그렇다 そうだ ＋ -면 ▶ 그러면 そうなら

かくにんドリル

問題 次の文の空欄に適切な言葉やハングルを入れ、[ ]内の選択肢は適切なものに丸で囲みましょう。

① ㄹ語幹用言に-면をつける場合、語幹末のㄹは ______ として考えるので、으は[必要である／必要ない]。

② ㅂ変則用言に-면をつける場合、まずヘヨ体を作るときのように語幹末のㅂパッチムを取り、______ をつける。そしてその形に면をつけるので、으は[必要である／必要ない]。

③ ㄷ変則用言に-면をつける場合、語幹末のㄷパッチムが、______ パッチムに変わる。この ______ パッチムは活用の過程で出てくるもので、普通のパッチムと同じ扱いに[なるので／ならないので]、으は[必要である／必要ない]。

④ ㅅ変則用言に-면をつける場合、語幹末のㅅパッチムが[そのまま残る／消える]のに、으は[必要である／必要ない]。

⑤ ㅎ変則用言に-면をつける場合、語幹末のㅎパッチムが[そのまま残る／消える]ので、으は[必要である／必要ない]。

Lesson 45
より長い文章を作るために

これまで入門レベルで必要ないくつかの語尾や表現を学び、さらに語尾にパターンがあることも学びました。それではこの本の最後に、より長い文章を作るための語尾を学びましょう。

前のレッスンで登場した「으型」の**-면**（～なら）のような語尾は、文と文の間で使い、「雨が降ったら休もう」のような一文を作ることができます。これまでは「雨です。休みます。」というような文しか作れなかったのが、このつなぎの語尾を学ぶことで飛躍的に表現が豊かになります。

【用言】て、くて → 語幹 ＋ -고　139

語幹につけて、複数の要素を単純に羅列するときに使う語尾です。語幹末にパッチムがあってもなくても、ただ**-고**をつけるだけの「直接型」です。

가다 行く ＋ **-고** ▶ **가고** 行って

덥다 暑い ＋ **-고** ▶ **덥고** 暑くて

명동에서 쇼핑하고 밥을 먹고 숙소에 가요.

明洞で買い物して、ごはんを食べて、宿に行きます。

【用言】て、くて → 語幹 ＋ -아서/어서 ⬇140

「語幹＋**-고**」が単純な羅列だったのに対し、「語幹＋**-아서/어서**」は、前後の文に密接な関係があることを表します。「**아/어**型」の語尾です。

사다 買う ＋ **-아서** ▶ **사서** 買って
춥다 寒い ＋ **-어서** ▶ **추워서** 寒くて 〈ㅂ変則用言〉

그 가수가 너무 예뻐서 반했어요.
その歌手がとてもきれいでほれました。

공부를 많이 해서 머리가 아파요.
勉強をたくさんして頭が痛いです。

【用言】けれど → 語幹 ＋ -지만 ⬇141

前の文からは予想されない内容の文につなげるときに使う語尾です。語幹に**-지만**をつけるだけの「直接型」です。

타다 乗る ＋ **-지만** ▶ **타지만** 乗るけれど
넓다 広い ＋ **-지만** ▶ **넓지만** 広いけれど

양이 많지만 가격은 싸요.
量が多いけれど、値段は安いです。

【用言】ので → 語幹 + -니까 ⬇142

前の文で理由を述べ、後ろの文につなげるときに使う語尾です。「으型」の語尾なので、語幹末にパッチムがある場合は으を挟みます。

좋아하다 好きだ + -니까 ▶ 좋아하니까 好きなので
먹다 食べる + -으니까 ▶ 먹으니까 食べるので

비가 오니까 집에 있어요.
雨が降っているので家にいます。

【用言】なら、たら → 語幹 + -면 ⬇143

前の文を仮定し、後ろの文につなげるときに使う語尾です。「으型」なので、語幹末にパッチムがある場合は으を挟みます。

공부하다 勉強する + -면 ▶ 공부하면 勉強すると
읽다 読む + -으면 ▶ 읽으면 読んだら

니가 있으면 행복해.
君がいれば幸せ。

비가 오면 전을 먹어요.
雨が降ったらチヂミを食べます。

かくにんドリル

問題　次の説明にあてはまる語尾を、以下の語群から選びましょう。
また、その語尾が何型かをⒶ〜Ⓒで答えましょう。

① **前の文を仮定し、後ろの文につなげるときに使う。「〜なら、たら」。**

語尾 [　　　　　　　　　　]　記号 [　　　　　]

② **前の文からは予想されない内容の文につなげるときに使う。「〜けれど」。**

語尾 [　　　　　　　　　　]　記号 [　　　　　]

③ **複数の要素を単純に羅列するときに使う。「〜て」。**

語尾 [　　　　　　　　　　]　記号 [　　　　　]

④ **前後の文に密接な関係があることを表す。「〜て」。**

語尾 [　　　　　　　　　　]　記号 [　　　　　]

⑤ **前の文で理由を述べ、後ろの文につなげるときに使う。「〜ので」。**

語尾 [　　　　　　　　　　]　記号 [　　　　　]

語群

-고　-니까　-면　-아서 / 어서　-지만

Ⓐ 直接型　Ⓑ 아 / 어型　Ⓒ 으型

Step 5
総合練習ドリル

問題 次の日本語の意味になるように、〈　　〉内の指示に従い、これまで学んだ文法事項を使って韓国語の文を作りましょう。 144

① 〈お互いハムニダ体〉

서울 ソウル、**콘서트** コンサート、**가다** 行く

A :

ソウルでコンサートに行きましたか？

B :

はい、行きました。

② 〈お互いヘヨ体、안を使った否定〉

공항철도 空港鉄道、**타다** 乗る、**버스** バス

A :

空港鉄道に乗りますか？

B :

いいえ、乗りません。バスに乗ります。

③〈お互いハムニダ体〉

화장실 トイレ、**층** 階

A :

トイレは何階ですか？

B :

4階です。

④〈お互いへヨ体〉

내일 明日、**공항** 空港、**가다** 行く

A :

明日空港に何時までに行きますか？

B :

９時40分です。

⑤〈お互いへヨ体〉

추천 메뉴 おすすめメニュー、**김치찌개** キムチチゲ、**맵다** からい、
돼지국밥 テジクッパ、**어떻다** どうだ、**그럼** では、**먹다** 食べる、
인분 ～人前（漢数詞と一緒に）

客　： ______________________

おすすめメニューは何ですか？

店員： ______________________

キムチチゲです。

客　： ______________________

キムチチゲはからいですか？

店員： ______________________

はい、とてもからいです。

客　： ______________________

テジクッパはどうですか？

店員： ______________________

からくありません。

客　： ______________________

では、テジクッパを食べたいです。３人前ください。

⑥〈お互いヘヨ体〉

맛있다 おいしい、**감사하다** 感謝する（ありがたい）、**원** ウォン、
신용 카드 クレジットカード、**되다** 大丈夫だ、**사인하다** サインする

客　：

テジクッパ、おいしかったです。

店員：

ありがとうございます。1万4300ウォンです。

客　：

クレジットカード、大丈夫ですか？

店員：

はい、大丈夫です。サインしてください。

⑦〈お互いパンマル〉

어제 昨日、**소주** 焼酎、**마시다** 飲む、**힘들다** つらい、
물 水、**쉬다** 休む

A：

昨日焼酎を10本飲んで、すごくつらい。

B：

水飲んで、休みな。

おわりに

「まえがき」や「あとがき」で、関係各位に対する感謝を述べている本をよく見ます。出版前、個人的には「わざわざ本に書かなくても、感謝の言葉は直接言えばいいしなー」と思っていたので、「おわりに」に何を書けばいいのだろうかと考えていたのですが、ぜひとも本書に刻んでおきたい、本書にまつわるエピソードがあるので記しておきます。

本書の出版の話をHANAからいただいたときとてもうれしかったのですが、学校に勤めている僕は、学校の仕事がありながら果たして出版なんてしていいのだろうかと心配になりました。僕はもちろん出版したかったので、許可をもらうために普段しないネクタイを上まで締めて、校長室に行きました。恐る恐る校長に事情を話すと、校長は相好を崩し、「そうですか。そういう活動が人間の幅を広げるものです。がんばってください」と、こちらが拍子抜けするほどあっさりと快諾してくれたのです。本書は、校長のその一言がなければ世に出なかったと言っても過言ではありません。校長の度量の広さにはただただ敬服するのみです。

ところで、本書を執筆する中で、僕の「人間の幅を広げる」ことがありました。それは「本は著者だけの力では決して出版できない」ということを知ったことです。僕に話をくれたHANAのペ社長、何度も原稿のやりとりをして共に推敲（すいこう）してくれた松島さん、デザイナーさん、イラストレーターさん、印刷所の方々、書店に置くためのサンプル本を作ってくれる海野さん、出版後に営業に回ってくれる浅見さん、本を置いてくれる書店の方々…。パッと思いつくだけでもこんなにたくさんの方々が、本書の出版・販売に携わってくれています。たった一冊の本の背景には、さまざまな人たちの支えがあったのです。

それを知ったとき、これこそが「まえがき」や「あとがき」で関係各位に対する感謝を述べる理由なのかと察しました。到底全ての方々に直接感謝の言葉は述べられません。

「直接言えばいいやー」なんていう愚かな気持ちはかなぐり捨て、この場を借りて、全身全霊をささげて全ての方々に感謝申し上げます。そして、本書を手に取り、最後まで読んでくださった読者のみなさまにも、衷心より感謝申し上げます。

思いっ切りスタートダッシュを決めた方も、小刻みに歩き出した方もいるかもしれません。しかし、同じ一歩を踏み出したことには変わりありません。大事なのは、立ち止まらないことです。今後みなさまが学習を進めていく中で、スランプに陥ることもあると思います。しかし、だからといって投げ出さないでください。スランプというのは自分の思い描く理想が高くなっているだけで、実際は確実に前へと進んでいるのです。ステップ1をやっている頃は、ハングルが読めただけでうれしく思いませんでしたか？学習が進むにつれて、「わからないこと」が減っていくので、前進していないように感じるのです。ですから今後「スランプだな」と感じたら本書に返って、「この本で勉強していたときよりはだいぶ成長したな」と思ってください。

みなさまのお手元に、記憶の中に、長くいられる本になれたら、と切に願っております。

覚えておきたい日常単語リスト

入門・初級レベルで覚えておきたい単語をカテゴリー別に紹介します。発音変化が起こり、表記と実際の発音が異なる場合、「実際の発音」を記しました。

01 家族 가족

145

日本語	韓国語	実際の発音
お父さん	아버지	
パパ	아빠	
お母さん	어머니	
ママ	엄마	
両親	부모님	
おじいさん	할아버지	[하라버지]
おばあさん	할머니	
(弟から見た) 姉	누나	
(妹から見た) 姉	언니	
(弟から見た) 兄	형	
(妹から見た) 兄	오빠	
弟	남동생	
妹	여동생	
妻	아내	
夫	남편	
娘	딸	
息子	아들	

〈メモ〉

누나・언니(姉)や**형・오빠**(兄)は血縁関係がない年上の人に対しての呼称としても使えます。

02 呼称 호칭 ⬇146

日本語	韓国語	実際の発音
様	님	
さん	씨	
社長	사장님	
部長	부장님	
課長	과장님	
同僚	동료	[동뇨]
先輩	선배	
後輩	후배	
会社員	회사원	
(夫婦間で) あなた	여보	
先生	선생님	
友達	친구	
彼氏	남자 친구	
彼女	여자 친구	

〈メモ〉

「君」や「あなた」にあたる二人称は、韓国語にも当然あります。しかし現代の韓国語では、詩などの文学的な文章に登場するのみで、日常の会話では、ステップ2 (P.114) で扱った**너**以外はあまり使われません。**너**は初対面の相手や年上の人には使えないので、そのような人を呼ぶときは「フルネーム＋**씨**」を使いましょう。同年代の人と親しくなってきたら、下の名前のみの呼び捨てで構いませんが、名前の最後に**야**や**아**を付けると直接相手に呼び掛けている感じが強く出ます。名前の最後の文字にパッチムがなければ**야**を、パッチムがあれば**아**を使います。

例) 태수야、수현아

また、名前の最後の文字にパッチムがある場合、**이**を付けることがありますが、これは相手に呼び掛けるときには使えず、話題の登場人物として述べるときに使います。

例) 지현이가 있어. (チヒョンがいるよ。) **난 지현이를 사랑해.** (僕はチヒョンを愛してる。)

03 体 몸

⬇147

日本語	韓国語	実際の発音
頭	머리	
髪の毛	머리카락	
首	목	
肩	어깨	
胸	가슴	
腰	허리	
おなか	배	
背中	등	
お尻	엉덩이	
腕	팔	
手	손	
手首	손목	
手の指	손가락	[손까락]
(手の)爪	손톱	
脚	다리	
足	발	
足首	발목	
足の指	발가락	[발까락]
ひざ	무릎	[무릅]
太もも	허벅지	[허벅찌]

04 顔 얼굴

148

日本語	韓国語	実際の発音
額	이마	
眉	눈썹	
まつげ	속눈썹	[송눈썹]
目	눈	
二重まぶた	쌍꺼풀	
一重まぶた	홑꺼풀	[혿꺼풀]
頬	뺨、볼	
耳	귀	
鼻	코	
口	입	
唇	입술	[입쑬]
舌	혀	
歯	이	
あご	턱	
皮膚	피부	
ひげ	수염	
しわ	주름	
えくぼ	보조개	
ほくろ	점	
シミ	기미	

05 食べ物 음식

149

日本語	韓国語	実際の発音
料理	요리	
朝ごはん	아침	
昼ごはん	점심	
夕ごはん	저녁	
おにぎり	주먹밥	[주먹빱]
チャーハン	볶음밥	[보끔밥]
カレーライス	카레라이스	
すし	초밥	
そば	메밀국수	[메밀국쑤]
うどん	우동	
ラーメン	라면	
カップラーメン	컵라면	[컴나면]
パスタ	파스타	
スパゲティ	스파게티	
パン	빵	
サンドイッチ	샌드위치	
ピザ	피자	
ハンバーガー	햄버거	
フライドポテト	감자튀김	
サラダ	샐러드	

06 おやつ 간식

⤓150

日本語	韓国語	実際の発音
アイスクリーム	아이스크림	
かき氷	팥빙수	[팓삥수]
ドーナツ	도넛	[도넏]
チョコレート	초콜릿	[초콜릳]
クッキー	쿠키	
ワッフル	와플	
カステラ	카스텔라	
ケーキ	케이크	
ゼリー	젤리	
プリン	푸딩	
ヨーグルト	요거트	
マカロン	마카롱	
ガム	껌	
クレープ	크레프	
たいやき	붕어빵	
あめ	사탕	
せんべい	전병	
ポテトチップス	포테토칩	
伝統菓子	전통과자	
餅	떡	

07 飲み物 음료

⤓151

日本語	韓国語	実際の発音
水	물	
ミネラルウオーター	생수	
コーヒー	커피	
カフェラテ	카페라테	
緑茶	녹차	
紅茶	홍차	
牛乳	우유	
豆乳	두유	
オレンジジュース	오렌지 주스	
コーラ	콜라	
サイダー	사이다	
ビール	맥주	[맥쭈]
焼酎	소주	
日本酒	청주 , 사케	
赤ワイン	레드 와인	
白ワイン	화이트 와인	
梅酒	매실주	[매실쭈]
ウイスキー	위스키	
カクテル	칵테일	
マッコリ	막걸리	[막껄리]

08 野菜・果物 야채・과일

⤓152

日本語	韓国語	実際の発音
キャベツ	양배추	
白菜	배추	
ニンジン	당근	
ジャガイモ	감자	
大根	무	
キュウリ	오이	
トマト	토마토	
カボチャ	단호박	[다노박]
サツマイモ	고구마	
ナス	가지	
玉ねぎ	양파	
長ねぎ	파	
ニンニク	마늘	
モヤシ	콩나물	
リンゴ	사과	
バナナ	바나나	
モモ	복숭아	[복쑹아]
ブドウ	포도	
イチゴ	딸기	
ミカン	귤	

09 肉・魚介 고기・해물

153

日本語	韓国語	実際の発音
鶏肉	닭고기	[닥꼬기]
豚肉	돼지고기	
牛肉	소고기	
羊肉	양고기	
マグロ	참치	
サバ	고등어	
サンマ	꽁치	
タチウオ	갈치	
サケ	연어	[여너]
イクラ	연어알	[여너알]
フグ	복어	[보거]
ウナギ	장어	
タコ（テナガダコ）	낙지	[낙찌]
イカ	오징어	
エビ	새우	
カニ	게	
貝	조개	
アサリ	바지락	
カキ	굴	
刺し身	회	

10 趣味・スポーツ 취미・스포츠  154

日本語	韓国語	実際の発音
運動	운동	
ジム（スポーツクラブ）	헬스클럽	
ウォーキング	워킹	
プール	풀	
写真	사진	
ピアノ	피아노	
ギター	기타	
登山	등산	
旅行	여행	
ショッピング	쇼핑	
ダンス	댄스	
ドライブ	드라이브	
野球	야구	
サッカー	축구	[축꾸]
バレーボール	배구	
バスケットボール	농구	
テニス	테니스	
水泳	수영	
サーフィン	서핑	
スキー	스키	

11 服・アクセサリー 옷・액세서리 ⬇155

日本語	韓国語	実際の発音
スカート	치마	
ズボン	바지	
セーター	스웨터	
カーディガン	카디건	
ブラウス	블라우스	
Tシャツ	티셔츠	
コート	코트	
靴下	양말	
(フォーマルな)靴	구두	
(カジュアルな)靴	신발	
帽子	모자	
かばん	가방	
ネクタイ	넥타이	
時計	시계	[시게]
指輪	반지	
ピアス	귀걸이	[귀거리]
ネックレス	목걸이	[목꺼리]
ブレスレット	팔찌	
眼鏡	안경	
サングラス	선글라스	

12 美容・コスメ 미용・화장품

156

日本語	韓国語	実際の発音
ファンデーション	파운데이션	
アイシャドー	아이섀도	
マスカラ	마스카라	
チーク	블러셔	
アイブロー	아이브로펜슬	
口紅	립스틱	[립쓰틱]
リップグロス	립글로스	[립끌로스]
マニキュア	매니큐어	
化粧水	스킨	
乳液	로션	
美白	미백	
日焼け止め	선크림	
香水	향수	
エステ	피부 미용	
マッサージ	마사지	
ダイエット	다이어트	
美容室	미용실	
ヘアカット	헤어컷	[헤어컫]
パーマ	파마	
脱毛	제모	

13 日用品 일용품

157

日本語	韓国語	実際の発音
せっけん	비누	
台所洗剤	주방 세제	
包丁	부엌칼	[부억칼]
まな板	도마	
鍋	냄비	
フライパン	프라이팬	
やかん	주전자	
皿	접시	[접씨]
箸	젓가락	[젇까락]
スプーン	숟가락	[숟까락]
フォーク	포크	
グラス	유리잔	
コップ	컵	
栓抜き	병따개	
ごみ箱	쓰레기통	
ごみ袋	쓰레기봉투	
歯ブラシ	칫솔	[칟쏠]
シャンプー	샴푸	
リンス	린스	
ティッシュ	휴지	

14 文具 문구

⬇158

日本語	韓国語	実際の発音
鉛筆	연필	
色鉛筆	색연필	[생년필]
シャープペンシル	샤프	
ボールペン	볼펜	
消しゴム	지우개	
定規	자	
コンパス	컴퍼스	
のり	풀	
セロハンテープ	스카치테이프	
修正液	화이트	
はさみ	가위	
カッター	커터	
クリップ	클립	
ノート	노트	
本	책	
メモ帳	메모장	
封筒	봉투	
便箋	편지지	
切手	우표	
絵の具	그림물감	[그림물깜]

15 家・家具 집・가구

⤓159

日本語	韓国語	実際の発音
家	집	
庭	마당	
玄関	현관	
居間	거실	
台所	부엌	[부억]
食器棚	찬장	[찬짱]
寝室	침실	
トイレ	화장실	
浴室	욕실	[욕씰]
窓	창문	
机	책상	[책쌍]
椅子	의자	
ベッド	침대	
枕	베개	
カーテン	커튼	
カーペット	카펫	[카펟]
本棚	책장	[책짱]
クローゼット	옷장	[옫짱]
ソファ	소파	
クッション	쿠션	

16 交通・移動 교통・이동

160

日本語	韓国語	実際の発音
自動車	자동차	
自転車	자전거	
バス	버스	
タクシー	택시	[택씨]
電車	전철	
地下鉄	지하철	
飛行機	비행기	
船	배	
道路	도로	
高速道路	고속도로	[고속또로]
地図	지도	
切符	표	
IC 交通カード	교통카드	
駅	역	
出発	출발	
到着	도착	
乗り換える	갈아타다	[가라타다]
空港	공항	
バス停留所	버스 정류장	[버스 정뉴장]

17 店・建物・場所 가게 · 건물 · 장소 ⤓161

日本語	韓国語	実際の発音
デパート	백화점	[배콰점]
ショッピングモール	쇼핑몰	
免税店	면세점	
銀行	은행	[으냉]
郵便局	우체국	
消防署	소방서	
警察署	경찰서	[경찰써]
会社	회사	
工場	공장	
市場	시장	
屋台	포장마차	
スーパー	마트, 슈퍼마켓	[슈퍼마켇]
コンビニ	편의점	[펴니점]
書店	서점	
店	가게	
ホテル	호텔	
公園	공원	
美術館	미술관	
博物館	박물관	[방물관]
映画館	영화관	

18 エンターテインメント 엔터테인먼트 ♫♪ ⤓162

日本語	韓国語	実際の発音
テレビ	티브이	
映画	영화	
ドラマ	드라마	
音楽	음악	[으막]
歌手	가수	
曲	곡	
歌	노래	
コンサート	콘서트	
公演	공연	
俳優	배우	
演劇	연극	
ミュージカル	뮤지컬	
演技	연기	
バンド	밴드	
ロック	락	
バラード	발라드	
ヒップホップ	힙합	[히팝]
歌詞	가사	
メロディー	멜로디	
せりふ	대사	
カラオケ	노래방	

19 時・暦 시간・달력

⬇163

日本語	韓国語	実際の発音
午前	오전	
午後	오후	
朝	아침	
昼	낮	[낟]
夕方	저녁	
夜	밤	
昨日	어제	
今日	오늘	
明日	내일	
あさって	모레	
一日	하루	
平日	평일	
休日	휴일	
月曜日	월요일	[워료일]
火曜日	화요일	
水曜日	수요일	
木曜日	목요일	[모교일]
金曜日	금요일	[그묘일]
土曜日	토요일	
日曜日	일요일	[이료일]

20 季節・天気 계절・날씨

⬇164

日本語	韓国語	実際の発音
春	봄	
夏	여름	
秋	가을	
冬	겨울	
気候	기후	
晴れ	맑음	
曇り	흐림	
雪	눈	
台風	태풍	
雷	천둥	
雨	비	
風	바람	
傘	우산	
長靴	장화	
レインコート	우비	
暑い	덥다	[덥따]
暖かい	따뜻하다	[따뜨타다]
肌寒い	쌀쌀하다	[쌀싸라다]
寒い	춥다	[춥따]

21 位置・方向 위치・방향

⬇165

日本語	韓国語	実際の発音
上	위	
下（物体の下）	밑	[민]
下（位置が下）	아래	
横、隣	옆	[엽]
前	앞	[압]
後ろ	뒤	
間	사이	
外	밖	[박]
右	오른쪽	
左	왼쪽	
両側	양쪽	
近い	가깝다	[가깝따]
遠い	멀다	
東	동쪽	
西	서쪽	
南	남쪽	
北	북쪽	

子音字の名称 166

子音字には次のような名称があります。韓国語の学習をする際に子音字の名称を覚えておくと大変便利です。なお、濃音の名称にある**쌍**は「ペア」という意味です。

子音字	名称	実際の発音
ㄱ	기역	
ㄴ	니은	
ㄷ	디귿	
ㄹ	리을	
ㅁ	미음	
ㅂ	비읍	
ㅅ	시옷	[시옫]
ㅇ	이응	
ㅈ	지읒	[지읃]

子音字	名称	実際の発音
ㅊ	치읓	[치읃]
ㅋ	키읔	[키윽]
ㅌ	티읕	[티읃]
ㅍ	피읖	[피읍]
ㅎ	히읗	[히읃]
ㄲ	쌍기역	
ㄸ	쌍디귿	
ㅃ	쌍비읍	
ㅆ	쌍시옷	[쌍시옫]
ㅉ	쌍지읒	[쌍지읃]

「かくにんドリル」「総合練習ドリル」の解答

レッスン最後の「かくにんドリル」、そしてステップ最後の「総合練習ドリル」の解答です。解答には、必要に応じて解説がついています。

Lesson 2 **かくにんドリル**

問題1 ① 와 ② 애 ③ 에 ④ 위 ⑤ 왜

問題2 ① 語頭 ② 語中 ③ 所有

Lesson 6 **かくにんドリル**

問題1 ① 子音字 ② 子音字 ③ 二重パッチム ④ ん、っ

問題2 알 음 원 떡 앗 엌

Lesson 7 **かくにんドリル**

問題1 「かんこく」－ㅇ、「かんとう」－ㄴ、「がんばる」－ㅁ

問題2 ① ㅇ…後ろの「か」は舌付け根を使う音なので、「ん」も舌付け根を使う音になります。

② ㄴ…後ろの「た」は舌先を使う音なので、「ん」も舌先を使う音になります。

③ ㄴ…後ろの「な」は舌先を使う音なので、「ん」も舌先を使う音になります。

④ ㅁ…後ろの「ぴ」は唇を使う音なので、「ん」も唇を使う音になります。

⑤ ㅁ…後ろの「ま」は唇を使う音なので、「ん」も唇を使う音になります。

⑥ ㅇ…後ろの「き」は舌付け根を使う音なので、「ん」も舌付け根を使う音になります。

Lesson8 **かくにんドリル**

問題1 「やったー」－ㄷ、「やっぱり」－ㅂ、「やっかい」－ㄱ、「かっら！」－ㄹ

問題2 ① ㄷ…後ろの「ち」は舌先を使う音なので、「っ」も舌先を使う音になります。

② ㅂ…後ろの「ぱ」は唇を使う音なので、「っ」も唇を使う音になります。

③ ㄱ…後ろの「き」は舌付け根を使う音なので、「っ」も舌付け根を使う音になります。

④ ㄷ…後ろの「て」は舌先を使う音なので、「っ」も舌先を使う音になります。

⑤ ㅂ…後ろの「ぷ」は唇を使う音なので、「っ」も唇を使う音になります。

⑥ ㄱ…後ろの「こ」は舌付け根を使う音なので、「っ」も舌付け根を使う音になります。

⑦ ㄹ…後ろにラ行が来ているので、この「っ」はラ行を発音するために舌が準備するような形であるㄹパッチムになります。

Lesson9 **かくにんドリル**

問題1 ① ㅎ、ㅡ、ㄺ ② ㅁ、ㅣ、ㅌ ③ ㄱ、ㅏ、ㅄ ④ ㅇ、ㅣ、ㄹ

問題2　① 안　② 극　③ 넉　④ 익　⑤ 업　⑥ 알
※二重パッチムで右側を読むのは、ㄺ、ㄻ、ㄿの3パターンと、ㄼの一部です。

Lesson 10 かくにんドリル

問題2　① Aの音声　② Bの音声　③ Aの音声　④ Bの音声　⑤ Aの音声

Step 1 総合練習ドリル

問題1　① 아　② 이　③ 야　④ 유
問題3　① 요　② 으　③ 어
問題4　① 왜　② 애　③ 와　④ 의　⑤ 위
問題9　① 가구　② 무　③ 지구　④ 토끼　⑤ 우표　⑥ 유자차　⑦ 아빠
⑧ 코끼리　⑨ 머리띠　⑩ 과자
※この問題は難しいと感じる人も多いと思います。聞き取り能力は語彙力がつくと上がってくるものなので、慌てないで大丈夫です。まずは、このステップに出てきた単語をおさらいして覚えることから始めてみましょう。
問題10　「“ん”グループ」ㄴ、ㅁ、ㅇ　「“っ”グループ」ㄱ、ㅂ、ㄹ、ㄷ
問題12　「左側を読むグループ」ㄵ、ㄶ、ㄳ、ㅄ、ㄽ、ㄾ、ㅀ
「右側を読むグループ」ㄻ、ㄺ、ㄿ

Lesson 11 かくにんドリル

① 다너　② 일보너　③ 하닐　④ 지겁　⑤ 한구긴　⑥ 일보닌　⑦ 그묘일
⑧ 안자요　⑨ 일거요　⑩ 절머요

Lesson 12 かくにんドリル

① 사모선　② 으냉　③ 괜차나요　④ 무놔　⑤ 버노　⑥ 영와　⑦ 조아요
⑧ 시러요　⑨ 마래요　⑩ 나아요
※③、⑧はㅎを含む二重パッチムの場合で、右側のㅎパッチムが無音化し、左側の残ったパッチムが連音化します。

Lesson 13 かくにんドリル

① 배콰점　② 그팽　③ 이러케　④ 이팍　⑤ 오탄벌　⑥ 유쾨　⑦ 모태요
⑧ 부칸　⑨ 너타　⑩ 아콰

Lesson 14 かくにんドリル

① 궁물　② 심년　③ 궁민　④ 옌날　⑤ 암니　⑥ 뱅만　⑦ 천눈　⑧ 임문
⑨ 싱물　⑩ 장년

Lesson 15 かくにんドリル

① 중녁　② 정니　③ 음뇨수　④ 궁닙　⑤ 대통녕　⑥ 동뇨　⑦ 종뉴
⑧ 컴나면　⑨ 음녁　⑩ 범뉼
※④、⑧、⑩はㄹがㄴに変わる鼻音化が起きたことによって、基本的な鼻音化(P.075)

を併発するパターンです。

Lesson 16 かくにんドリル

問題1 ① **훌련** ② **괄리** ③ **일련** ④ **펼리**
問題2 ① **해도지** ② **무치다** ③ **가치** ④ **끄치다**

Lesson 17 かくにんドリル

① **걷까락** ② **족빨** ③ **출짱** ④ **설쩡** ⑤ **세밷똔** ⑥ **약꾹** ⑦ **입씨**
⑧ **합껵** ⑨ **활똥** ⑩ **입쑬**
※③、④、⑨は濃音化の条件②です。

Lesson 18 かくにんドリル

問題1 ① 合成語 ② パッチム ③ i系
問題2 ① × 後ろの単語(**음식**)の最初の文字がi系の母音ではないので、連音化(P.062)して発音は[**한구금식**]となります。
② **일본뇨리** 単純な**ㄴ**挿入です。
③ × 前の単語(**독바위**)の最後にパッチムがありません。
④ **수항녀행** **ㄴ**が挿入されることで、鼻音化(P.075)を併発するパターンです。
⑤ **미궁녕와** **ㄴ**が挿入されることで、鼻音化を併発するパターンです。また、**영화**は**ㅇ**パッチムの後に子音の**ㅎ**が来ているので、**ㅎ**弱音化(P.068)が起こります。

Step 2 総合練習ドリル

問題1 ① **ㅇ、ㅎ ㅇ** [**부란**] [**피료**]
② **ㅇ** [**너어요**][**이러요**]
③ **ㄴ、ㄹ、ㅁ ㅇ ㅇ** [**아모**] [**공앙**] [**마놔**] [**방악**]
④ **ㅎ** [**혀푀**] [**알타**]
⑤ **ㄴ、ㅁ** [**항문**] [**전니**]
⑥ **ㄹ ㄴ** [**강녁**] [**동님문**] ※**립문**のところでも鼻音化が起きるので注意しましょう。
⑦ **ㄹ** [**실래**] [**괄련**]
⑧ **이、히 지、치** [**미다지**] [**다치다**]
⑨ 平音 [**식땅**] [**복싸**] [**합썽**] [**걱쩡**]
⑩ パッチム i系 [**조럼녀행**] [**깬닙**]

問題2

	舌付け根	舌先	唇
鼻から息漏れあり (鼻音) "ん"グループ	ㅇ	ㄴ	ㅁ
鼻から息漏れなし (口音) "っ"グループ	ㄱ (ㅋ ㄲ ㄳ ㄺ)	ㄷ (ㅅ ㅈ ㅊ ㅌ ㅎ ㅆ)	ㅂ (ㅍ ㅄ ㄿ)

Lesson 19 かくにんドリル

問題 1 今日はとても 遅い 時間まで勉強をする 予定だ。

問題 2 ① 外国語が／話せるように／なるには、／継続的な／学習が／欠かせません。
② ああ／難しいと／感じたら、／ページを／飛ばしても／構いません。
③ 韓国を／自由に／旅行／できたら／楽しいと／思いませんか？
④ ごはんを／食べ／すぎて、／おなかが／痛いです。

問題 3 ① 名詞 ② 形容詞…「い」で終わっています。 ③ 動詞…ウ段で終わっています。
④ 動詞…ウ段で終わっています。 ⑤ 助詞

Lesson 20 かくにんドリル

問題 1 ① 指定詞 ② 存在詞 ③ 存在詞 ④ 指定詞

問題 2 ① 歩／く ② 住／む ③ 冷た／い ④ 寒／い

問題 3 ① **걷다** ② **사다** ③ **나쁘다** ④ **알다**

Lesson 21 かくにんドリル

問題 1 ① **취미는** ② **전철이** ③ **우유를** ④ **밥을** ⑤ **고추가** ⑥ **일본은**

問題 2 ① **시곈** ② **버슬** ③ **학곤** ④ **구둘**

Lesson 22 かくにんドリル

① **이것은、이건** ② **저기가** ③ **저것을、저걸** ④ **여기는、여긴** ⑤ **그것이、그게**
⑥ **이 책은** ⑦ **저 아이가** ⑧ **이 우유를、이 우율** ⑨ **그 밥을** ⑩ **저 하늘이**

Lesson 23 かくにんドリル

① **여기는 서울입니다.** ② **이것은 비빔밥입니다.** ③ **이름은 마유미입니다.**
④ **저기는 명동이에요.** ⑤ **이 건물은 백화점이에요.** ⑥ **그것은 한국 소주예요.**
※④、⑤、⑥は名詞の最後の文字にパッチムがなければ**예요**、パッチムがあれば**이에요**を使います。

Lesson 24 かくにんドリル

問題 1 ① **여기는 도서관이 아닙니다.** ② **이것은(이건) 택시가 아닙니다.**
③ **저는 공무원이 아닙니다.**
※名詞の最後の文字にパッチムがなければ**가**、パッチムがあれば**이**を使います。

問題 2 ① **영화관은 저기가 아니에요.** ② **영희는 대학생이 아니에요.**
※名詞の最後の文字にパッチムがなければ**가**、パッチムがあれば**이**を使います。

Lesson 25 かくにんドリル

問題 1 ① **회사원입니까?**
※Bがとてもていねいな言い方をしているので、Aも、とてもていねいな**입니까?**を使います。
② **아뇨, 서점이에요.**
※Aが格式張らないやわらかい言い方をしているので、Bも格式張らないやわ

らかい**예요/이에요**を使います。名詞の最後の文字にパッチムがあるので、**이에요**を使いましょう。

③ **이것이(이게) 보석이 아닙니까?**

※Bがとてもていねいな言い方をしているので、Aも、とてもていねいな**가/이 아닙니까?**を使います。名詞の最後の文字にパッチムがあるので、**이 아닙니까?**を使いましょう。

④ **네, 야근이 아니에요.**

※Aが格式張らないやわらかい言い方をしているので、Bも格式張らないやわらかい**가/이 아니에요**を使います。名詞の最後の文字にパッチムがあるので、**이 아니에요**を使いましょう。

Step 3 総合練習ドリル

問題1 ① 自立、形容詞 ②付属、助詞 ③自立、名詞 ④自立、動詞 ⑤自立、名詞

問題2 ① 指定詞 ② 動詞 ③ 存在詞 ④ 形容詞 ⑤ 指定詞 ⑥ 存在詞 ⑦ 形容詞

問題3 ① **쉽다** ② **웃다** ③ **찍다** ④ **아프다**

問題4 ① **저는 일본 사람입니다.** ② **출신은 부산입니다.** ③ **숙소는 충무로입니다.**

※「〜は」の使い方はレッスン21で確認してください。

問題5 ① **이것이(이게) 여권이에요.** ② **닭갈비가 최고예요.** ③ **월요일이 휴관이에요.**

※名詞の最後の文字にパッチムがなければ**예요**、パッチムがあれば**이에요**を使います。 また、「〜が」の使い方はレッスン21で確認してください。

問題6 ① **여기는 신촌이 아닙니다.** ② **이것은(이건) 교과서가 아닙니다.**

③ **저는 유학생이 아닙니다.**

※名詞の最後の文字にパッチムがなければ**가**、パッチムがあれば**이**を使います。

問題7 ① **편의점은 저기가 아니에요.** ② **이 가게는 식당이 아니에요.**

③ **저 산은 지리산이 아니에요.**

※名詞の最後の文字にパッチムがなければ**가**、パッチムがあれば**이**を使います。

問題8 ① **이 양파는 무료입니까?**

※Bがとてもていねいな言い方をしているので、Aも、とてもていねいな**입니까?**を使います。

② **추천 메뉴는 족발이에요?**

※Bが格式張らないやわらかい言い方をしているので、Aも格式張らないやわらかい**예요/이에요**を使います。名詞の最後の文字にパッチムがあるので、**이에요**を使いましょう。

③ **이것은(이건) 우동이 아니에요? / 칼국수예요.**

※Bが格式張らないやわらかい言い方をしているので、Aも格式張らないやわらかい**가/이 아니에요**を使います。名詞の最後の文字にパッチムがあるので、**이 아니에요**を使いましょう。それに対し**칼국수**という名詞の最後の文字にはパッチムがないので、**예요**を使います。音声は**이건 우동이 아니에요?**で収録しています。

Lesson 26 かくにんドリル

①봅니다、봅니까？ ② 마십니다、마십니까？ ③ 만납니다、만납니까？
④ 옵니다、옵니까？ ⑤ 엽니다、엽니까？ ⑥ 좋습니다、좋습니까？ ⑦ 괜찮습니다、괜찮습니까？ ⑧ 입습니다、입습니까？ ⑨ 잡니다、잡니까？ ⑩ 압니다、압니까？

※①、②、③、④、⑨は語幹末にパッチムがないので、語幹に**-ㅂ니다**、**-ㅂ니까？**をつけるパターンです。⑥、⑦、⑧は語幹末にパッチムがあるので、語幹に**-습니다**、**-습니까？**をつけるパターンです。⑤、⑩は語幹末が**ㄹ**パッチムなので、**ㄹ**パッチムを取ってから**-ㅂ니다**、**-ㅂ니까？**をつけるパターンです。

Lesson 27 かくにんドリル

① 타요 ② 받아요 ③ 싸요 ④ 좁아요 ⑤ 사요 ⑥ 찾아요 ⑦ 얕아요 ⑧ 짜요 ⑨ 알아요 ⑩ 쏴요

※①、③、⑤、⑧は語幹末にパッチムがないので、語尾の母音**ㅏ**が脱落するパターンです。②、④、⑥、⑦、⑨は語幹末にパッチムがあるので、語幹に**-아요**をつけるだけのパターンです。⑩は語幹末にパッチムがなく母音が**ㅗ**なので、語尾の母音**ㅏ**と合体し、複合母音**ㅘ**になるパターンです。

Lesson 28 かくにんドリル

① 넣어요 ② 기다려요 ③ 싫어요 ④ 넓어요 ⑤ 나눠요 ⑥ 길어요 ⑦ 붙어요 ⑧ 지내요 ⑨ 사귀어요 ⑩ 안돼요

※①、③、④、⑥、⑦は語幹末にパッチムがあるので、語幹に**-어요**をつけるだけのパターンです。②は語幹末にパッチムがなく母音が**ㅣ**なので、語尾の母音**ㅓ**と合体し、**ㅕ**になるパターンです。⑤は語幹末にパッチムがなく母音が**ㅜ**なので、語尾の母音**ㅓ**と合体し、複合母音**ㅝ**になるパターンです。⑧は語幹末にパッチムがなく母音が**ㅐ**なので、語尾の母音**ㅓ**が脱落するパターンです。⑨は語幹末にパッチムがないですが、脱落や合体が起こらないパターンです。⑩は語幹末にパッチムがなく母音が**ㅚ**なので、語尾の母音**ㅓ**と合体し、複合母音**ㅙ**になるパターンです。

Lesson 29 かくにんドリル

① 저는 한국어를 배워요. ② 여행은 재미있어요. ③ 딸기가 셔요.
④ 책을 팔아요. ⑤ 접시를 깨요.

※「私」などの人を指す言葉はレッスン22を、「〜は」「〜が」「〜を」などの助詞の使い方はレッスン21で確認してください。

Lesson 30 かくにんドリル

問題1 ① 공부해요 ② 미안해요 ③ 예약해요
問題2 ① 귀여워요 ② 매워요 ③ 차가워요
問題3 ① 물어요 ② 실어요 ③ 들어요

Lesson 31 かくにんドリル

問題1 ① 모아요 ② 커요 ③ 슬퍼요

問題2 ① **질러요** ② **달라요** ③ **골라요**
問題3 ① **이어요** ② **부어요**

Lesson 32 かくにんドリル

問題1 ① **까매요** ② **빨개요** ③ **파래요** ④ **노르러요**
問題2 ① **ㅂ**変則用言 ② **으**語幹用言 ③ **ㄷ**変則用言 ④ **르**変則用言
⑤ **ㅎ**変則用言 ⑥ **ㅅ**変則用言 ⑦ **러**変則用言

Lesson 33 かくにんドリル

① A**이것(이거) 어때?**/ B**응, 좋아!** ② A**명동은 멀어?**/ B**아니, 가까워.**
③ A**여권 있어?**/ B**아니, 없어.** ④ A**이것(이거) 먹어.**/ B**응, 고마워.**
※「これ」などの指示語はレッスン22、「〜は」などの助詞の使い方はレッスン21で確認してください。①、④の音声は**이거**で収録しています。

Step 4 総合練習ドリル

問題1 ① **만납니다、만납니까?** ② **넘습니다、넘습니까?** ③ **답니다、답니까?**
④ **감사합니다、감사합니까?** ⑤ **압니다、압니까?**
※①、④は語幹末にパッチムがないので、語幹に**-ㅂ니다**、**-ㅂ니까?**をつけるパターンです。②は語幹末にパッチムがあるので、語幹に**-습니다**、**-습니까?**をつけるパターンです。③、⑤は語幹末が**ㄹ**パッチムなので、**ㄹ**パッチムを取ってから**-ㅂ니다**、**-ㅂ니까?**をつけるパターンです。

問題2 ① **떠나요** ② **짧아요** ③ **잊어요** ④ **사귀어요** ⑤ **외워요**
※①は語幹末にパッチムがなく母音が**ㅏ**なので、語尾の母音**ㅏ**が脱落するパターンです。②、③は語幹末にパッチムがあるので、語幹末の母音が陽母音なら**-아요**を、陰母音なら**-어요**をつけるパターンです。④は語幹末にパッチムがないですが、脱落や合体が起こらないパターンです。⑤は語幹末にパッチムがなく母音が**ㅜ**なので、語尾の母音**ㅓ**と合体し、複合母音**ㅝ**になるパターンです。

問題3 ① **믿다** ② **걷다** ③ **그렇다** ④ **고르다** ⑤ **낫다** ⑥ **고프다** ⑦ **이르다**
⑧ **가볍다** ⑨ **쉬다** ⑩ **공부하다**
※辞書形を活用させる手順の逆をやる作業ですが、慣れるまでは大変かもしれません。しかしこれができるようにならないと、例えば文章に出てきた活用している単語を、辞書で調べることができません。これから韓国語の学習を進めていく上で必要不可欠な力なので、ぜひたくさん練習してマスターしてください！

問題4 ①
A**위험해! 조심해.** ※ハダ用言
B**고마워, 괜찮아.** ※**ㅂ**変則活用、規則活用
②
A**이것(이거) 맛있어?** ※規則活用、音声は**이거**で収録
B**글쎄, 나는 좋아해.** ※ハダ用言

③
A **제주도는 더워?** ※ㅂ変則用言
B **응, 땀이 나.** ※規則活用
④
A **약 먹어!** ※規則活用
B **싫어. 써!** ※規則活用、으語幹用言
⑤
A **이 영화 알아?** ※規則活用
B **몰라. 재미있어?** ※르変則用言、規則活用
A **응, 재미있어!** ※規則活用

Lesson 34 かくにんドリル

問題1 ① ～も ② ～の ③ ～と ④ **로/으로** ⑤ **에** ⑥ **에서** ⑦ **부터** ⑧ **까지**
問題2 ① **을** ② **에서** ③ **부터、까지**

Lesson 35 かくにんドリル

問題1 ① **어느** ② なに ③ どこ ④ **언제** ⑤ **누구** ⑥ いくら ⑦ **왜**
⑧ どうやって ⑨ **몇**
問題2 ① **가/이** ② 空けて

Lesson 36 かくにんドリル

問題1 ① **삼십오** ② **팔백칠십일** ③ **이천구백사십육** ④ **만 삼천팔백이십오**
⑤ **구십이만 육천팔백십이**
問題2 ① **육 급** ② **팔 번** ③ **십사 층 삼 호실** ④ **이천십팔 년 유월 십육 일**
⑤ **오 분 삼십일 초** ⑥ **이십육 분 사십칠 초** ⑦ **삼천 원** ⑧ **만 사천 원**

Lesson 37 かくにんドリル

問題1 ① **셋** ② **열아홉** ③ **스물여덟** ④ **서른여섯** ⑤ **마흔둘** ⑥ **쉰일곱**
⑦ **예순하나** ⑧ **일흔넷** ⑨ **여든아홉** ⑩ **아흔다섯**
問題2 ① **다섯 개** ② **세 번** ③ **네 시** ④ **두 잔** ⑤ **한 마리** ⑥ **열두 시**
⑦ **스무 병** ⑧ **여섯 정거장** ⑨ **열세 권** ⑩ **스물두 살**

Lesson 38 かくにんドリル

① **빨리** ② **너무** ③ **게다가** ④ **가장** ⑤ **같이** ⑥ **다** ⑦ **그래서**

Lesson 39 かくにんドリル

① **안 차요、차지 않아요** ② **안 찾습니다、찾지 않습니다** ③ **안 나와요、나오지 않아요**
④ **안 찍습니다、찍지 않습니다** ⑤ **안 웁니다、울지 않습니다** ⑥ **안 길어요、길지 않아요**
⑦ **안 나빠요、나쁘지 않아요** ⑧ **안 넣습니다、넣지 않습니다** ⑨ **안 커요、크지 않아요**
⑩ **이륙 안 해요、이륙하지 않아요**
※⑤は ㄹ語幹用言のハムニダ体の作り方（レッスン26）を確認してください。⑦、⑨は

으語幹用言のへヨ体の作り方（レッスン31）を確認してください。⑩は名詞＋**하다**という形の動詞なので、**안**は**하다**の前に置きます。

Lesson 40 かくにんドリル

① **나무였습니다.** ② **버스가 아니었습니다.** ③ **요리였어요.** ④ **영화가 아니었어요.**
⑤ **혼잣말이었습니다.** ⑥ **농담이 아니었습니다.** ⑦ **지하철이었어요.**

Lesson 41 かくにんドリル

① **샀어요** ② **끝나지 않았어요** ③ **가까웠어요** ④ **안 일어났습니다** ⑤ **멀었습니다**
⑥ **안 아팠어요** ⑦ **괜찮지 않았습니다**

Lesson 42 かくにんドリル

問題 1 ① **배우고 싶어요.** ② **되고 싶습니다.** ③ **입고 싶어요.** ④ **잊고 싶습니다.**
問題 2 ① **사 주세요.** ② **살려 주세요.**

Lesson 43 かくにんドリル

問題 1 ① 語幹、パッチム、パッチム ② 陽母音、陰母音、変則活用 ③ パッチム、**으**

Lesson 44 かくにんドリル

問題 1 ① ないもの、必要ない ② **우**、必要ない ③ **ㄹ**、**ㄹ**、なるので、必要である
④ 消える、必要である ⑤ 消える、必要ない

Lesson 45 かくにんドリル

問題 1 ① **-면**、C ② **-지만**、A ③ **-고**、A ④ **-아서/어서**、B ⑤ **-니까**、C

Step 5 総合練習ドリル

問題 1

① A **서울에서 콘서트에 갔습니까?**
B **예, 갔습니다.**
※「～で」「～に」などの助詞（レッスン34）、用言の過去形（レッスン41）

② A **공항철도를 타요?**
B **아뇨, 안 타요(타지 않아요). 버스를 타요.**
※**를**の使い方（レッスン34）、用言の否定形（レッスン39）、へヨ体〈規則活用〉の作り方（レッスン27）。

③ A **화장실이 몇 층입니까?**
B **사 층입니다.**
※「何（なん）～」などの疑問詞（レッスン35）、数詞や助数詞（レッスン36、37）、「【名詞】ですか？」（レッスン25）、「【名詞】です」（レッスン23）

④ A **내일 공항에 몇 시까지 가요?**
B **아홉 시 사십 분이에요.**
※「～に」「～までに」などの助詞（レッスン34）、「何（なん）～」などの疑問詞（レッス

ン35)、ヘヨ体〈規則活用〉の作り方(レッスン27)、数詞、助数詞(レッスン36、37)

⑤ 客　**추천 메뉴가 뭐예요?**

店員 **김치찌개예요.**

客　**김치찌개는 매워요?**

店員 **네, 아주 매워요.**

客　**돼지국밥은 어때요?**

店員 **안 매워요(맵지 않아요).** ※音声は**안 매워요**で収録してあります。

客　**그럼 돼지국밥을 먹고 싶어요. 삼 인분 주세요.**

※疑問詞(レッスン35)、【名詞】です(レッスン23)、**ㅂ**変則用言(レッスン30)、副詞(レッスン38)、**ㅎ**変則用言(レッスン32)、用言の否定形(レッスン39)、願望・希望を表す(レッスン42)、数詞(レッスン36)

⑥ 客　**돼지국밥 맛있었어요.**

店員 **감사해요. 만 사천삼백 원이에요.**

客　**신용카드 돼요?**

店員 **네, 돼요. 사인해 주세요.**

※用言の過去形(レッスン41)、ハダ用言(レッスン30)、数詞や助数詞(レッスン36)、【名詞】です(レッスン23)、ヘヨ体〈規則活用〉の作り方(レッスン28)、願望・希望を表す(レッスン42)

⑦ A **어제 소주를 열 병 마셔서 너무 힘들어.**

B **물 마시고 쉬어.**

※数詞や助数詞(レッスン37)、つなぎの語尾(レッスン45)、副詞(レッスン38)、ヘヨ体〈規則活用〉の作り方(レッスン28)、パンマル(レッスン33)

※Aが「昨日焼酎を10本飲んだ」ということと「今とてもつらい」ということには明確な因果関係があるので、**-아서/어서**を使います。しかしBの「水を飲む」と「休む」には因果関係がなく、ただ順番に行動を取ることを意味しているので**-고**を使います。

※「とても」で**아주**を使った方もいらっしゃると思いますが、この場合後ろには「つらい」というネガティヴな内容が来ているので、**너무**の方が適切です。

1日たったの4ページ！
やさしい基礎韓国語

2020年 4月21日　初版発行
2024年 4月 1日　8刷発行

著者　秋山卓澄
編集　松島彩
デザイン・DTP　洪永愛（Studio H2）
イラスト　もものどあめ
印刷・製本　中央精版印刷株式会社

発行人　裵正烈

発行　株式会社HANA
〒102-0072 東京都千代田区飯田橋4-9-1
TEL：03-6909-9380　FAX：03-6909-9388

発売　株式会社インプレス
〒101-0051 東京都千代田区神田神保町一丁目105番地

ISBN978-4-295-40407-1　C0087　

●本の内容に関するお問い合わせ先
HANA 書籍編集部　TEL: 03-6909-9380　FAX: 03-6909-9388
E-mail：info@hanapress.com

● 乱丁本・落丁本の取り換えに関するお問い合わせ先
インプレス カスタマーセンター　FAX: 03-6837-5023
E-mail: service@impress.co.jp
※古書店で購入されたものについてはお取り換えできません